教学·训练·竞赛：
排球运动的多维探索

袁玲玲 ◎ 著

吉林科学技术出版社

图书在版编目(CIP)数据

教学·训练·竞赛:排球运动的多维探索/ 袁玲玲
著. —长春:吉林科学技术出版社，2023.6
  ISBN 978-7-5744-0657-5

  Ⅰ.①教… Ⅱ.①袁… Ⅲ.①排球运球—研究Ⅳ.
①G842

  中国版本图书馆 CIP 数据核字(2023)第 136538 号

教学·训练·竞赛：排球运动的多维探索

著　　　袁玲玲
出 版 人　宛　霞
责任编辑　安雅宁
封面设计　押晓峰
制　　版　洛阳博字文化传播有限公司
幅面尺寸　185mm×260mm
开　　本　16
字　　数　213 千字
印　　张　11.25
印　　数　1–1500 册
版　　次　2023年6月第1版
印　　次　2024年2月第1次印刷

出　　版　吉林科学技术出版社
发　　行　吉林科学技术出版社
地　　址　长春市福祉大路5788号
邮　　编　130118
发行部电话/传真　0431-81629529 81629530 81629531
　　　　　　　　　81629532 81629533 81629534
储运部电话　0431-86059116
编辑部电话　0431-81629518
印　　刷　三河市嵩川印刷有限公司

书　　号　ISBN 978-7-5744-0657-5
定　　价　78.00元

前　言

自 19 世纪末诞生以来,排球运动已走过百余年的发展历程,不仅从一项简单的隔网拍球活动演变为成熟的球类运动,还衍生出了形式多样的休闲活动。如今的排球运动已发展成为一项广受人们喜爱的体育运动,并构建起一个庞大的排球"家族"。

随着我国体育事业的改革与发展,排球运动在我国的影响力持续提升,并逐渐发展为一项集健身、竞技、休闲等功能于一体的体育项目,大大激发了人们对排球运动的热情。

为深化人们对排球运动的认知,同时也为了推动排球运动在我国的进一步发展,笔者以排球运动为研究对象,撰写了《教学·训练·竞赛:排球运动的多维探索》一书,以期为排球运动的发展提供理论与实践指导。

本书一共包含 7 章。第一章从起源与发展、特点与功能、价值与文化特性、形式分化与大赛简介等角度,对排球运动进行了概述。第二章的研究重点是排球技术教学,内容包括准备姿势与移动技术教学、发球技术教学、垫球技术教学、传球技术教学、扣球技术教学、拦网技术教学。第三章对排球战术教学展开了研究,首先阐述了排球运动中的战术意识,其次分析了排球战术教学应当包含的准备环节,最后分别对排球运动的个人战术、集体战术教学进行了探索。第四章探讨的是排球运动员的体能训练问题,在对排球体能训练进行概述的基础上,分别阐述了有利于增强力量素质、速度素质、耐力素质、柔韧素质、灵活性与弹跳力的训练方法。第五章着眼于排球运动员的心理与康复训练,先介绍的是心理训练的方法,包括一般心理训练、比赛心理训练两方面的内容,后介绍的是康复训练的方法,包括疲劳康复训练、损伤康复训练两方面的内容。第六章研究的是排球竞赛的组织与实施,首先介绍了排球竞赛的组织机构及其职能,其次阐述了排球竞赛的管理与规程,接着梳理了排球竞赛规则的演变历程,最后探究出排球竞赛的常用方法。第七章介绍的是排球竞赛中的裁判法,具体包括排球裁判员的类型与职责、排球裁判员的规则执行与配合要求、裁判员的手势及其含义三部分内容。

本书在编撰过程中吸收和借鉴了多位专家、学者关于排球运动的研究成果，在此向他们表示衷心的感谢。由于本人时间和能力水平有限，书中难免存在疏漏与不妥之处，也期望广大同仁、读者给予批评指正。希望本书能为关注排球运动的相关工作者提供一定的理论和实践指导。

作　者

2023 年 2 月

目　录

第一章　排球运动概述

排球运动是一项由运动者用身体的各个部位(主要部位有手、手臂等)在空中击球,以使球不落地为目标的体育项目,其既可以隔网进行,也可以不设网进行。本章将分别从起源、发展、特点、功能、价值、文化特性、分化等角度对排球运动进行概述,并简要介绍国际上较为知名的排球赛事。

第一节　排球运动的起源与发展

一、排球运动的起源与传播

1895 年,排球运动由美国的威廉·莫根首创。当时,他主要负责指导人们参加体育锻炼,而在此过程中,他开始逐渐意识到对待不同的指导对象应选择不同的锻炼方法。比如,广受欢迎的篮球运动对年长者来说,就显得运动强度过高、过于激烈。要想满足此类人群的运动需求,就应当选择一项运动量适中、运动强度也相对柔和的运动。

为此,莫根尝试着将球网架在高度为 6 英尺 6 英寸的位置,并让人们用篮球胆开展隔网拍打活动。但后来发现,篮球胆太轻,篮球又太重。最后,莫根制作了一个外表为皮制、内胆为橡皮材质的球,其重量为 9~12 盎司。这就是排球的雏形。

1896 年,排球比赛在美国首次举办。同年 7 月,美国《体育》杂志出版了相关规则。起初,排球比赛并未明确规定人数。双方可在比赛之前自行协商,只要确保两队人数相同便可。随着比赛的举办,排球运动开始受到美国社会的广泛关注,并被纳入军事体育项目。

随后,美国的传教士、驻外士兵开始将排球运动传播到各个国家。但因传入时间、所用规则有所不同,因此,不同国家的排球运动在形式上也存在差异。

排球运动传入亚洲,大约是在 20 世纪初,其先在印度传播,而后传至中国、日本、菲律宾等国家。在亚洲,排球运动的规则较之美国有着明显不同,并经历了 16 人制→12 人制→9 人制→6 人制的演变过程。

欧洲的排球运动则出现在"一战"前后。1917 年,排球运动得以在法国传播,随后又传至苏联、波兰等国家。尽管排球运动传入欧洲的时间较晚,但因其首次传播的便是具有较强竞技性的 6 人制排球,因此,整体的发展速度还是较快的。

作为排球运动的"故乡",美国在很长一段时间内都并未将排球运动视作竞技项目。在美国人眼中,排球运动的主要价值在于休闲、娱乐,这就导致美国排球最初的竞技水平并不高。

1947 年,国际排球联合会(简称"国际排联")在法国成立,这标志着排球运动成为一项国际性的竞技运动。截至 1956 年,在不到十年的时间里,国际排联便已拥有 80 多个会员国,有实力参加世界锦标赛的队伍也大大增多。排球运动凭借其多变的技战术吸引了大批观众,这为其进入奥运会奠定了基础。

为使排球运动成为奥运会的比赛项目,世界各国热爱排球运动的人士均付出了不小的努力。终于,在 1964 年,排球成为东京奥运会的正式比赛项目。东京奥运会规定,男队可安排 10 支参赛队,女队可安排 6 支参赛队。这标志着排球运动进入发展新时期。

随着排球运动的持续发展,同时又基于不同人群的实际需求,各项休闲排球运动开始纷纷涌现出来。现如今,排球运动已成为一个拥有众多"家庭成员"的"大家庭",除了常见的 6 人制排球外,还有沙滩排球、软式排球、气排球等多种形式。

二、排球运动的发展

(一)世界排球运动的发展

从世界范围来看,排球运动的发展大致经历了以下几个阶段:

1.从娱乐排球向竞技排球过渡

前文提到,排球运动最初只是一项以锻炼身体为主要目的的娱乐性活动。人们隔着球网,对球进行拍打,享受使球不落地的挑战与乐趣。因此,最初的排球运动并未涉及标准的技战术,参与双方只想争取用手使球一次过网。如果未能一次过网,也会有其他同伴加以帮助。总的来说,排球运动在初期更像一种"游戏"。

然而,随着游戏的进行与重复,人们开始意识到,一次击球过网未必是最佳方式。从前场近网处跳起击球过网,有时反而更易获胜。多次击球的打法由此形成,集体配合战术的雏形也初步显现。

但显然,由一方无休止地击球同样不甚合理,故而又出现了"一方击球最多三次,便必须过网"的规定。正是由于这一规定,原本单一的拍击动作开始分化为两种形态,分别是传球、扣球。其中,扣球因具有一定的攻击性,而使排球运动逐渐增添了对抗性的色彩,也使这项运动更受年轻人的青睐。为了应对扣球,拦网技术逐步产生,排球运动开始获得质的飞跃。

对抗性的增强使排球运动的性质从"游戏"转变为"竞技",这促使人们开始思考有关排球比赛的规则问题。从1921年到1938年,排球规则被多次修改,发球、传球、扣球、拦网也被称作排球运动的基本技术。经过长时间的练习,运动者不仅能够熟练掌握各项技术,还逐渐学会了战术配合,并开始自觉按照位置进行分工。到了20世纪40年代,为应对集体拦网、扣与吊相结合等打法,出现了拦网保护战术系统。

总的来说,排球运动在这一阶段表现出以下特征:①从娱乐排球向竞技排球过渡;②国际比赛尚无统一的组织、规则、制度。

2.竞技排球的迅猛发展

随着"二战"的结束,很多国家纷纷开始成立本国的排球协会。但人们仍然希望能有一个统一的国际组织,专门负责国际级别的排球活动。于是,1946年,法国、波兰等国家提出了成立国际排联的倡议。1947年,国际排联在巴黎正式成立,有14个国家的排球协会负责人出席了会议。会议的核心内容具体如下:①选举保尔·黎伯为第一任主席;②指定巴黎为总部所在地;③指定英语、法语为工作语言;④制定国际排联宪章;⑤成立技术委员会、竞赛委员会、裁判委员会;⑥正式出版排球竞赛的通用规则。

国际排联的成立,标志着排球运动的性质不再以"娱乐"为主,而开始正式迈入"竞技"新阶段。

国际排联在成立后,积极组织各项国际赛事(如表1-1所示)。这些赛事的周期一般为2年或4年,目前已基本形成传统,并延续至今。

表 1-1　国际排联组织的排球赛事(部分)

首届年份	比　赛
1948 年	欧洲男子排球锦标赛
1949 年	世界男子排球锦标赛
1949 年	欧洲女子排球锦标赛
1952 年	世界女子排球锦标赛
1965 年	世界杯男子排球赛
1973 年	世界杯女子排球赛
1977 年	世界青年男、女排球锦标赛

在国际赛事的推动下,排球运动的技战术水平获得明显提高。20 世纪 50 年代,排球运动员可大致分为两派:一是以苏联为代表的"力量派",其以个子高、身体强壮、扣球力量大为主要特色;二是以捷克斯洛伐克为代表的"技巧派",其以扣球路线富于变化为特色,主张扣球应轻重结合。从比赛结果来看,"力量派"相对更占优势。

到了 20 世纪六七十年代,排球技战术的发展格外迅猛,一度出现了"风格各异,先后称雄"的局面。20 世纪 60 年代初,日本女排打破了所谓的"标准技术模式",创造出了滚动救球、小臂垫球、勾手飘球等技术,并改写了苏联女排"独占鳌头"的历史。

日本女排创造出的三项技术,带来了排球发展史上的重大变革,对排球运动的创新具有重要意义。在这一时期,女排的抗衡主要体现在日本、苏联两个国家,对应的则是两种不同的打法,即"防守+配合"和"进攻+力量"。

1965 年,国际排联对排球运动的规则作出了重大修改,即允许手过网拦网。这一规则的改变,使得"突破拦网,掌握网上控空权"成为比赛获胜的关键。在当时,男子运动员原先主张的"力量派"打法已逐渐丧失优势,但德国队却凭借着能够凸显高大运动员优势的"超手扣球"解决了这一问题,并连续两年夺得世界冠军。

与此同时,中国男排针对拦网规则的变化,创造了"盖帽拦网""平拉开扣球"等技术,实现了"小个子打大个子"。日本男排则在"平拉开扣球""近体扣球"等技术的基础上,创造了一系列进攻打法,如"短平快""时间差""位置差"等。正是这些打法,帮助日本队在 1972 年为亚洲夺得首枚奥运会男子排球金牌。以中国队、日本队为代表的"速度派"也正式形成。此时的排球运动凭借其突出的对抗性与技巧性,充分彰显出自身的魅力。

为推动排球运动的进一步发展,1977 年,国际排联再次修改了规则,即在拦网触手后,仍可击球三次。这一改动为组织进攻提供了更多的机会,也大大提升了攻防的激烈程度。

20 世纪 70 年代后期,中国男排创造出"前飞""背飞"等空间差打法,中国女排则发明了"单脚背飞"技术。而由波兰男排首创的后排进攻战术,则带来了排球进攻战术配合从二维空间到三维空间的转变,也实现了从平面配合到立体配合的改进。

在这一时期,排球运动在美洲同样发展得十分迅猛。古巴男排、古巴女排、美国女排迅速崛起,并跻身于世界强队的行列。而随着国际交往的进一步加深,不同流派开始在取长补短的过程中逐渐融合。比如,欧洲球队借鉴了亚洲球队的快攻打法,开始朝着"强攻+快攻""力量+技巧"的方向发展。亚洲球队除了对快变战术加以改进外,还开始重视起对运动员高度的提升,为的是增强进攻所带来的威力。

总的来说,在 20 世纪 70 年代,竞技排球的战术发展格外突出。各类快变战术应运而生,大大增强了竞技排球的吸引力。

3.竞技排球的多元化

20 世纪 80 年代,竞技排球已基本走向成熟。此时,已经不再存在那种只要在某一环节格外超群,便有可能次次获胜的队伍了。排球队伍要想取得胜利,就必须做到以下几点:①既有高度,又足够灵活;②既能攻,又能防;③快且高;④战术多变;⑤以高制矮,以快制高。

在这一时期,美国男排从沙滩排球的二人接发球战术中汲取灵感,发明了摆动进攻战术。随后,美国男排又在跳发球技术、后排进攻技术的帮助下,将前排的快变战术与后排的强攻战术结合起来,使之成为纵深立体进攻战术。正是这种勇于创新的精神,带领美国男排从一度默默无闻的状态,走向了接连夺冠的全新"人生"。

可以说,美国男排的胜利,不仅代表着排球技战术的观念革新,还意味着排球运动迈入了全攻全守的新时期。此处的"全攻全守"指代的早已不再是个人的攻防技术,而是全方位的攻、全方位的守。

全攻从观念上打破了传统的进攻模式,其强调进攻的手段从发球开始,且拦网也涵盖其中。西欧男排通过职业联赛,丰富了美国男排的攻防体系,其对跳发球技术、纵深立体进攻战术的运用也达到了十分熟练的水平,极少出现失误。意大利、荷兰等国家,跳发球的空中飞行时间仅为 0.5 秒,速度可达 30 米/秒,且拦网成功率极高。

全攻的运用,标志着进攻的变化不再局限于网前的二维空间,而可能充斥于整个场地的三维空间。在意大利、荷兰,男子排球不仅拥有高与快相结合的前排进攻,还能基于前排进攻的配合,进行"背、平、快"后排进攻,最终形成了高与快相结合、前与后相结合的全面进攻局面。

全守,即全方位的防守,具体包括以下三层含义:

第一,技术动作的全方位。随着排球进攻水平的日渐提高,如今,运动员想要单纯地依靠手、臂击球的动作,来防守扣球是极为困难的。为维持攻守平衡,国际排联自1984年起,便秉承着"鼓励防守技术发展,不消极限制进攻技术"的原则,放宽了对运动员首次击球时判断连击犯规的规则尺度。1992年,国际排联将合规的触球部位从"髋关节以上"改为"膝关节以上";1994年,又从"膝关节以上"改为"任何身体部位均可触球"。自此,手、脚、身并用的全方位防守动作逐步形成,其不仅增大了防守面积,还大大提高了防守质量。1999年,排球规则中又增加了"后排自由防守队员"。

第二,防守观念的转变。这种转变主要表现为从"等待防守"向"出击防守"的变化。而这种变化对运动员提出了更高的要求,即运动员必须具备高水平的判断、反应、控球能力。

第三,根据对手的进攻特点,及时调整拦网与防守的配合,打破原先的防守阵型模式,兼顾防守效果与反攻布阵。

20世纪90年代,意大利男排、荷兰男排在国际范围内占据了领先地位,这也标志着竞技排球开始走向社会化、职业化。而排球运动的职业化趋势,更是驱使着排球运动的技战术水平迈上了新的台阶。职业俱乐部的兴起,对意大利排球水平的提高有着直接的影响,这一点在男排身上体现得尤为明显。而对于女排,古巴的进步在这一时期则更加突出。古巴女排一方面通过"高举高打",加快了进攻的速度,另一方面,又克服了原先容易情绪波动的弱点,这使得其在20世纪90年代独占鳌头。

然而,进入21世纪后,世界排坛的格局却发生了重大变化。在女子排球方面,古巴女排失去了"一枝独秀"的实力,与此同时,中国、俄罗斯、巴西、美国等国家的女排纷纷冒头,共同构成了"多强林立"的局面。在男子排球方面,巴西队异军突起,意大利、俄罗斯、阿根廷等国家稳居前列,荷兰、法国、西班牙、希腊等国家则成为"新秀"。

4.娱乐排球的再兴起

排球运动最初是一项娱乐活动,其本质上更像一种游戏。随着时代的发展,排球运动的竞技性开始凸显出来,娱乐性则被不断削弱。尤其是在20世纪80年代后,随着排球技战术水平的进一步提升,全方位的攻防在增强排球比赛的观赏性的同时,更加促成了排球运动娱乐性的"消失"。

然而,近些年,随着社会经济的发展,人们在提升自身的物质文化消费水平的同时,也明显感受到生活的压力。越来越多的人渴望通过健身娱乐来消除疲劳,但排球运动过强的竞技性却常常使有意接触这项运动但运动基础相对薄弱的人们"望而却步"。有鉴于此,人们又开始从排球的性能、排球比赛的规则等方面着手,根据自身的能力与需求,作出适当的修改,以使排球运动能够实现全民参与,这是娱乐排球得以再兴起的重要背景。

面对大众对娱乐排球的热情,国际排联也尽可能地予以支持。20 世纪90 年代,国际排球将沙滩排球的发展纳入排球运动的整体发展规划,并成立了沙滩排球委员会。1993 年,首部沙滩排球竞赛规则正式出版。1996 年,沙滩排球成为奥运会的正式比赛项目。

除了沙滩排球之外,软式排球、迷你排球也都举办过世界性的青少年比赛。可以说,娱乐排球的再兴起标志着排球运动正式迈入竞技性与娱乐性并存的新阶段。

(二)我国排球运动的发展

1.六人制排球的推广与发展

中华人民共和国成立后,政府对排球运动予以高度重视,并将列为重点体育项目,在全国范围内进行推广。

为适应国际比赛的需要,1950 年 7 月,中华全国体育总会首次对 6 人制排球的竞赛规则与方法展开详细介绍。此后,中华全国体育总会又通过一系列措施,加大对排球运动的推广力度。

1950 年 8 月,中学生排球代表队奔赴布拉格参加由世界学生第二次代表大会举办的排球比赛。

1951 年 1 月,中国青年男子排球队奔赴柏林参加第 11 届大学生冬季运动会。

1951 年 5 月,首届全国篮、排球比赛大会在北京举办,不仅正式采用 6 人制赛制组织排球比赛,还组建了国家男、女排球队。

1952 年,国家男、女排球队陆续前往国内 14 座城市,进行 6 人制排球比赛的示范表演,对其在我国的推广起到了重要作用。

1953 年,中国青年女子排球队首次随中国代表团,参加第 1 届国际青年友谊运动会排球赛。

1954 年,我国加入国际排联,成为正式的会员国。

为学习东欧各国的排球运动比赛经验,我国的男、女排球队在前往布达佩斯参加第 12 届大学生运动会的过程中,也曾在莫斯科、里加等城市一边训练、一边比赛,以系统学习先进排球队伍的技战术打法。

除了"走出去",我国还通过"请进来"的方式,学习国外的先进理论、技术。在这一时期,捷克斯洛伐克的军队男排和保加利亚的男、女排球队先后应邀前来我国访问。1956 年,国家体育运动委员会邀请苏联专家戈洛马佐夫在北京、天津开办"全国排球教练员训练班",系统介绍了苏联排球训练的理论与方法,为我国排球运动的发展产生了积极意义。

同样是在 1956 年,全国联赛的竞赛制度正式建立,《中华人民共和国运动员、裁判员等级制度条例(草案)》也随之颁布。在此之后,由教育部颁布的一系列文件(如《一般高等学校体育课试行教学大纲》《师范学校体育教学大纲(草案)》等)均将 6 人制排球列为必要的教学内容。受全国联赛的影响,各大城市也纷纷开始开展各具特色的排球活动。

如果对排球运动在 20 世纪 50 年代的发展概况进行描述,那就是"一手抓普及,一手抓提高"和"提高基于普及,普及离不开提高的指导"。此时的排球运动水平提升迅速,尤其是对快球、快攻等在当时为我国所独有的战术的运用,更是加快了我国排球竞赛的发展步伐。

到了 20 世纪 60 年代,我国各省、市的排球队伍开始根据本队的实际情况,分析本队的风格,并据此创造不同的技战术打法。比如,广东队主打"快速、配合",四川队主打"细腻、稳健",上海队主打"灵活、多变",北方的队伍则以"高打、快攻"为主要特色。这种个性化的排球技战术理论与实践研究,在很大程度上反映出我国 6 人制排球的进一步发展。

1964 年,日本的大松博文教练率领日本女排前来访华,并亲自为我国排球运动员的训练提供指导。在大松博文教练的严格要求下,我国运动员坚持刻苦、顽强的训练作风,并积极遵从"三从一大"(从难、从严、从实战出发,坚持大运动量训练)的原则,致力于提高我国排球运动的水平。在这段时间,我国运动员不仅学会了日本女排常用的勾手飘球、垫球、滚动救球等技术,还创造出了盖帽拦网、平拉开扣球等技术。

2.冲出亚洲,走向世界

在"要把体育运动重新搞上去"的号召下,1972 年,国家体委开始通过举办球类运动会的方式,逐步恢复体育竞赛,并召开"三大球训练工作会议"。该会议在总结以往工作经验、找出不足的基础上,进一步明确了排球训练的指导思想、发展规划,并打造了排球训练基地,以有组织、有计划地安排省队、市队的集中训练工作。集中训练有利于各个队伍彼此学习、相互促进、共同进步,这对技战术水平的提高、排球后备力量的培养都具有重要意义。

1976 年,我国组建了新的国家级男、女排球队。1977 年,在世界杯排球

赛(男子运动员参加第 3 届,女子运动员参加第 2 届)上,我国男排获得了第
5 名,女排获得了第 4 名。1978 年,在世界排球锦标赛上,我国男排获得第
7 名,女排获得第 6 名。

1979 年,我国男、女排分别在亚洲锦标赛上战胜了日本队、韩国队,不
仅双双夺冠,还获得了参加奥运会的资格。此后,我国的男、女排正式冲出
亚洲、走向世界。

1981 年,我国女排在第 3 届排球世界杯赛上,凭借着"7 战 7 捷"的成
绩,首次获得"世界冠军"的称号。这次比赛后来常被称作"三大球"翻身的
"第一炮"。

1982 年,我国女排在第 9 届世界女排锦标赛中再次夺冠。1984 年,其
凭借顽强、拼搏的精神,在第 23 届奥运会排球赛中再次问鼎。这也是奥运
会排球比赛大厅内首次升起五星红旗。

在 1985 年举办于日本的第 4 届女排世界杯赛和 1986 年举办于捷克斯
洛伐克的第 10 届世界女排锦标赛上,我国女排又相继夺冠,从而创造了在
世界女排大赛上"五连冠"的新纪录。

在这一时期,我国男排的技战术水平同样提升得突飞猛进。在继承传
统的快攻打法的基础上,我国男排又创造出了"前飞""背飞""拉三""拉四"
等新战术,并将其打造成一套快变战术打法。

在举办于 1977 年的世界杯上,我国男排获得了第 5 名;在举办于 1978
年的世界锦标赛上,我国男排获得了第 7 名;1981 年,我国男排再次获得世
界杯的第 5 名。此时的中国男排已基本具备了向世界排球强队挑战的
实力。

总体而言,在 20 世纪七八十年代,我国排球运动的战术特点可概括为
"全攻全守、能高能快",这一度引领了世界排坛的新潮流。

3.走出低谷,重振雄风

20 世纪 80 年代,在世界男子排球整体发展迅猛的时候,我国男排却由
于种种原因,造成运动水平的下降。

在 1982 年的世界锦标赛上,分组原本是对我国男排有利的,但在关键
时刻,却因队员的心理承受能力不足,而丧失了跻身前 4 名的机会。1984
年,我国男排又以"1 胜 5 负"的成绩,排在第 8 名。1985 年,在世界杯亚洲
预选赛上,我国男排以 1∶3 负于韩国,并因此失去参加世界杯的资格。
1987 年,在亚洲锦标赛上,又因负于日本而丧失参加第 24 届奥运会的
机会。

同样,在 20 世纪 80 年代末,我国女排的成绩也开始急转直下、跌入低

谷。在 1988 年的汉城奥运会上,我国女排痛失冠军。在从 1988 年到 1991 年的两次世界杯赛、一次世界锦标赛上,我国女排分别获得了第 2 名、第 3 名、第 2 名。而在 1992 年的奥运会和 1994 年的世界锦标赛上,更是仅仅获得了第 7 名和第 8 名。可以说,中国女排在这一阶段的成绩,又回到了"冲出亚洲"的初期,甚至是起点。

对我国男、女排在这一时期成绩下滑的原因进行分析后可知,最主要的问题出现在指导思想的落后上,具体表现为以下几点:

第一,对"进攻"和"进攻战术"的认识较为滞后。20 世纪 80 年代,欧美男排已普遍开始运用跳发球、后排进攻等打法,并组织起排球场上的全方位进攻。随后,欧美女排也开始效仿。但与此同时,我国男、女排对进攻的认知却仍停留在 20 世纪 70 年代,即只注重前排二、三点进攻的变化,导致进攻战术缺乏创新,逐渐与国际领先水平拉开距离。

第二,在 20 世纪 80 年代末,国际排坛已呈现出明显的商业化、职业化趋势,并形成了相应的发展模式。但在我国,竞技体育的发展体制沿用的仍是早在 20 世纪 50 年代便已从苏联、东欧国家学来的管理模式。显然,在体育职业化趋势和市场经济浪潮的冲击下,旧的管理模式存在的问题日益突出,并开始表现出明显的负面作用。

第三,随着"奥运战略"的出台,各省、市也纷纷出台了"全运战略"。在这一时期,一切运动项目的进行均以夺得金牌为目的。而排球运动作为一个集体项目,其所能提供的金牌数量极为有限,故而有些省、市便会选择放弃排球队,转而支持其他球类运动的队伍。

鉴于上述问题,1995 年,国家体委召开了"重振排球雄风"研讨会。本次会议不仅总结失败教训、正视问题所在,还对今后的发展方向进行了重点探讨。同年,国家女排队伍被重新组建,由郎平进行执教。在郎平主教练的带领下,中国女排严加训练,重新树立起攀登世界高峰的决心。

4.再创辉煌

2002 年,中国女排在世界锦标赛上获得了第 4 名。此时的女排运动员已努力克服自身的压力,随后,在 2003 年的世界杯女排比赛上,以 11 战全胜的战绩重新夺得了世界级比赛的冠军。

2004 年,在雅典奥运会上,中国女排过关斩将、力克强敌,最终再次勇夺奥运冠军。中国女排之所以能够重夺世界冠军,主要是基于以下原因:

第一,将思想作风建设摆在重要位置。

第二,坚持从制度入手,高标准、全方位地"齐抓共管"。

第三,对队员严格管理、严格要求,以敢打硬仗、团结协作、顽强拼搏的精神为思想"指明灯"。

第四,在训练过程中,坚持走全面、快速、多变的道路。

第五,以三个"更加"为指导思想,即技术更加精细、全面,配合更加默契、娴熟,更加快速多变。

与我国女排相比,男排所经历的摸索时期就显得更加漫长。在 2003 年的世界杯上,我国男排仅获第 10 名。在 2004 年的奥运会预选赛上,我国男排也因输给了澳大利亚队而无缘雅典奥运会。不过,值得一提的是,在本次比赛中,我国男排的"三老带三新"阵容已基本经过考验。这支队伍先后战胜了韩国队、日本队、伊朗队,从比赛经验、心理素质等多个方面,为我国男排的复兴与发展开辟了一定的空间。

就目前来看,我国男排要想真正冲出亚洲、走向世界,就必须有所改变。一方面,要使技战术更加完善、全面;另一方面,也要对思想、意识有所强化。具体来讲,要树立先进的排球意识与排球训练理念,要加大对新技术、新打法的研究力度,要创新国家队的发展思路。

为早日实现上述目标,中国排球协会明确提出了以下要求:①要使以青少年、学校为重点的群众性排球运动获得明显发展;②要积极构建适应社会发展、符合项目特点的管理体制与运行机制;③要努力打造职业与非职业相互衔接、彼此促进、共同发展的格局。

由此可以看出,对中国男排的培养如果能够从青少年抓起,那么就相对容易形成地方队与国家队之间的良性循环。再加上对世界男排训练、管理的理念的学习,我国男排完全有希望达到一流的运动水平。

第二节　排球运动的特点与功能

作为一项球类运动,排球运动既具备大多数球类运动的共性特征和通用功能,也拥有一些其他球类运动所缺失的独特之处。本节将分别对排球运动的特点与功能进行阐述。

一、排球运动的特点

(一)群众性

排球运动所需的场地、设备都较为简单,比赛规则也易于掌握。人们既可以在专门的球场进行训练、比赛,也可以在空地上参与运动,且单人、多人均可运动,运动量也可大可小。

简而言之,排球运动适合不同年龄、不同体质、不同运动基础的人群。作为一个能够活动全身的运动项目,排球运动具有群众性,有助于普通民众养成终身运动的习惯。

(二)技巧性

在排球比赛中,存在多项规定。比如,在比赛过程中,球不能落地;必须将球击出或抛出;同一名队员不能连续击球两次;必须在三次之内,将球击过网,等等。

击球时间的短暂性、击球空间的多变性,都对排球运动参与者的能力提出了较高的要求,这也进一步凸显了排球运动的技巧性。

(三)对抗性

在排球比赛中,参赛双方的攻防转换始终存在于激烈的对抗中,且对抗的焦点大多集中于网上扣球。

在一场高水准的排球比赛中,对一分的争夺往往需要经历六七个回合。比赛的水平越高,这种对抗性也就越明显。

(四)集体性

排球运动是一种典型的集体性体育项目。除了发球之外,其余技战术的运用基本都离不开集体配合。如果缺乏严密、默契的配合,即使个人能力再强,实力也难以完全发挥,更不必提对战术的运用效果。

在排球比赛中,双方队员通常都会利用规则给予的击球机会,在瞬间完成攻防转换和战术组合。水平越高的队伍,其集体配合就越高效。

(五)娱乐性

排球运动对形式的要求相对灵活。参与者既可以隔网相斗,也可以围圈游戏。只要有一个特定的区域,人们皆可享受其中的乐趣。

(六)休闲性

排球运动是以隔网对抗的方式进行的。在此过程中,参与双方不会发生身体接触,相对安全很多,故而更易使人感到放松,是一种常见的休闲方式。

（七）形式多样性

排球运动的场地既可以设在室内，也可以设在室外。沙滩、草地、水中，皆可用来组织排球活动。这就使得排球运动衍生出多样化的形式，如沙滩排球、软式排球、公园排球、草地排球等，甚至还有专为残疾人设计的盲人排球、坐式排球等。

（八）技术全面性

在排球比赛中，每一名队员都有可能进行位置轮转，既有可能到前排进行扣球、拦网，又有可能到后排进行防守、接应。因此，对一支排球队伍来说，要想取得比赛的胜利，全体队员都必须全面掌握攻防技术，以便于应对参赛过程中对位置、职责的现场调整。

（九）攻防二重性

排球运动包含多项技术，且对每项技术的运用都既可能得分也可能失分。这一性质在决胜局中更加突出。可以说，每项排球技术都兼具攻防二重性。这也就决定了排球技术既要攻击性够强，又要足够准确。

二、排球运动的功能

（一）振奋民族精神

作为一项体育运动，排球运动的功能不仅体现在身体层面，还体现在精神层面，其能够对振奋民族精神产生积极影响。

1981 年，我国男子排球队在世界杯排球赛亚洲区预赛中，在先输 2 局的不利局势下，仍保持信心奋起直追，最终扳回 3 局，以 3∶2 的成绩打败了韩国队，获得了参加世界杯排球赛的资格。比赛结束后，观众难以抑制喜悦之情地喊出了"团结起来，振兴中华"的口号。这一口号在短时间内席卷大江南北，深深鼓励了正在进行"改革开放"的中国人。

20 世纪 80 年代，我国女排夺得的"五连冠"更是产生了深远的影响。中国女排精神一度被等同于拼搏精神。2003 年，中国女排时隔 17 年再夺世界冠军；2004 年，中国女排又在雅典奥运会上，以 3∶2 的成绩战胜了俄罗斯队，夺得了奥运会冠军。即使曾陷低谷，女排运动员也从不轻言放弃，凭借着积极的努力和顽强的坚持,最终再创佳绩,这正是排球运动在精神层面能够赋予人们的意义。

(二)培养优秀品质

在排球比赛中,球不能落地、最多击球 3 次就必须过网等规定,要求排球运动员必须时刻做好弥补同伴失误的准备,以及时接到可能因各种失误而错失的球。为充分发挥队伍的进攻力量,排球运动员需要通过奔跑扑救的方式,为下一个击球的队友创造便利的条件。由此可见,经常参加排球运动,有利于强化团结协作的集体主义意识,形成良好的体育道德作风。

(三)培养信息意识

排球运动是一项需要凭借判断来决定行动的运动。所谓"判断",又需要以"眼观六路,耳听八方"为前提。在参与排球运动的过程中,运动员既要观察球场的布局、对方与队友的动作,还要仔细辨别击球的声音。

通过视觉、听觉获取到的信息,有助于运动员对后续局势作出预判,并快速进行决策。在排球比赛中,运动员的信息意识是否敏锐、给予的判断是否准确将成为影响制胜的关键因素。

(四)提高配合、应变能力

前文提到,排球运动是一项需要依靠集体配合方可取胜的运动。个人优势的发挥,需要在队友发挥特长的基础上进行。换言之,没有一场排球比赛的胜利能够单纯依靠极个别运动员。这就要求运动员在场上相互协调,并主动观察队友的行为,以判断其意图,从而更好地与之合作。

此外,在参加排球比赛时,运动员既要确保球不会落地,又不能持球,这就对其应变能力提出了极高的要求。

总之,经常参加排球运动的人,不仅能够锻炼身体、愉悦身心,还能够大大提高配合、应变等各项能力。

(五)锻炼心理素质

经常参加排球运动的人,往往能够掌握很多有助于控制情绪、调整心理状态的方法。在面对高强度的训练时,如何避免因疲劳而产生的懈怠情绪;在比赛中出现连续失误时,如何快速冷静下来,并保持自信心;当比分落后时,如何继续保持沉着的心理状态;在面对关键比分时,如何做到在进攻时不手软……这些都会对运动员的心理素质提出考验。而当运动员有一天能够十分从容地找出这些问题的答案时,其心理素质必然已在不知不觉中变得强大。

（六）强身健体,维持促进

排球运动兼具竞技性与娱乐性。不论男女,不论年龄,不论技术水平,人们皆可参与其中。

经常参加排球运动,不仅有助于改善中枢神经系统、内脏器官的功能状况,还有助于增强人的专项身体素质、提高人的各项运动能力,使人们在愉悦的过程中强身健体、促进健康。

第三节　排球运动的价值与文化特性

一、排球运动的价值

排球运动的价值体现在生理、心理、社会性等多个方面,具体如下所述:

（一）促进身体健康

排球运动对身体健康的积极意义,主要表现为以下几点:

1.对神经系统与运动中枢的影响

在人们运动的过程中,中枢神经往往起着主导作用,周围的神经系统也会产生相应的反应。而当人体受到刺激后,神经系统对外界刺激给予的感应,会促使其给大脑以"指示",再经由大脑指挥人体,最终获得相应的反应。

由此可见,对个体来说,如果神经系统能够受到合理的刺激,那将大大提高人体的动作反应能力。正因如此,经常参与排球运动的人在预防神经衰弱、促进身体健康等方面,一般会更具优势。

2.对呼吸系统机能的影响

排球运动对呼吸系统机能的影响可概括为以下两点:

第一,对于刚开始接触排球运动的人来说,当其运动量突然大幅增长时,呼吸频率会明显提高,呼吸也会变得短而急促。而那些经过长期排球训练的人,其在运动时的呼吸却是深且缓慢的。

第二,当人在经过长时间的排球练习后,其呼吸肌会变得更加发达,肺活量也会明显增加。

3.对心血管系统的影响

心血管系统,顾名思义,由心脏、血管共同构成。

血管的主要作用是供血液流通,能够协助血液输送氧气、排出代谢物。

心脏是生命的"发动机",有助于血液在血管内的流动,将氧气、营养物质输送至身体各个部位,再将在代谢过程中的"废物"排出体外。

血液在人体内不断流动的过程,即血液循环。

4.对消化系统的影响

经常参加排球运动的人,其肝脏机能往往更加强大。这是因为,人们在参加排球运动的过程中,糖的消耗量会迅速增加,导致肝脏的"后勤供应"面临沉重的负担。此时,要想维持身体各项机能的正常运行,肝脏机能就必须"自觉"地增强、发展。

不仅如此,经常参加排球运动还有利于人体对营养物质的消化与吸收,使胃肠的消化能力有所提升。

5.对运动系统的影响

对运动系统而言,排球运动主要发挥着以下作用:

第一,有助于增强肌肉的工作能力。

第二,有助于增加血液的供应量。

第三,有助于提高营养物质的吸收与储存能力。

第四,有助于肌纤维的增粗,使肌肉变得强壮、有力。

第五,有助于骨骼的生长发育,从而更好地保护脑、心、肺等。

(二)促进心理健康

1.健心作用

排球运动的健心作用,一方面表现为能够提高人的心理健康水平,另一方面表现为能够消除人的精神紧张,具体包括以下几点:

第一,经常参加排球运动,有利于增强人的心理素质,使人们在面对"大场面"时,不至于过度紧张。

第二,经常参加排球运动,有利于促进身体健康,使大脑疲劳得以缓解,并保持精力的充沛。

　　第三,经常参加排球运动,有利于陶冶情操、稳定心态,使人的个性得以健康发展。

　　第四,经常参加排球运动,可帮助人们在组织、参与比赛的过程中,增强团结协作意识、培养集体主义精神。

　　2.改善意志品质

　　排球运动对人们意志品质的改善,主要是通过以下方法实现的。

　　(1)条件限制法

　　条件限制法的主要作用,是通过增加排球练习的难度,来激励人们为达到目标而付出更多努力,从而提高人的适应能力、增强人的自信心,并养成坚韧的意志品质。

　　(2)自我强化法

　　自我强化法要求人们在参加排球运动时,时刻谨记自我检查、自我监督,来强化自律意识,保持克服困难的勇气与决心。

　　(3)疲劳负荷法

　　疲劳负荷法是指排球运动通过给予运动者适当的生理负荷,使之产生适度的疲劳,而当其感到疲劳后,仍要坚持练习,以磨炼个人意志的方法。

　　需要强调的是,在运用该方法时,必须注意控制疲劳的"度",以防出现运动损伤。

　　除了上述方法外,排球运动对个人意志品质的改善作用还可以通过制定排球比赛规则、设置排球对抗性强度等方式体现出来。

　　(三)提高社会适应力

　　排球运动在提高社会适应力方面的作用具体表现为以下几点:

　　1.有利于价值观念的形成

　　排球运动对价值观念的形成,主要具有以下影响:

　　(1)有利于强化社会发展所需的价值观

　　排球运动是一项不分年龄、国界的运动,任何人都可以参与其中,这充分体现了人人平等的观念。同时,人们也可通过这种公平的竞争,体会到对力量的抗衡、对速度的角逐,这有助于提升个人能力,形成正确的价值取向。

　　(2)有利于提高心理承受能力

　　在参加排球运动时,人们往往需要克服重重困难,并不断经受挫折、超越自我,这对增强心理素质是极为有效的。

（3）有利于增强规范意识,提高自我约束能力

作为一项体育运动,排球运动与其他运动一样,会受到各种规则的制约。人们要参加排球运动,就必须遵守这些规则,久而久之,其自身的规范意识自然会有所增强。

2.有利于人际关系的形成

参加排球运动,能够在增强人们的协作意识的同时,帮助其形成良好的人际关系。这主要是由排球运动的集体性决定的。

3.有利于养成良好的生活习惯

高强度的学习或工作,很容易使人们产生疲劳感,并为其带来明显的心理压力,导致人们的生活状态变得不佳。此时,如果能够抽出一定的时间,参加强度适中的排球运动,人们的身心将获得极大的调节。而排球运动也能够在满足人们心理需求的同时,促使其养成更加科学的生活习惯。

二、排球运动的文化内涵

排球运动的文化内涵,主要通过文化特性、文化类型两个方面表现出来。下面将对此进行具体分析。

(一)排球运动的文化特性

排球运动的文化特性,具体包括以下几点:

1.民族性

排球运动经历了漫长的发展过程。在这个过程中,受地理环境、民族文化等因素的影响,不同国家对排球运动涉及的人体机能、技战术水平等问题也形成了不同的认知,导致排球运动产生了不同的风格与打法,并造就了排球文化的异质形态。

排球运动的民族性使其在保留精粹的前提下趋于融合,最终使排球运动走上了"全攻全守"的发展道路。

2.传承性

随着社会的发展,排球文化在获得传承的同时,也实现了扬弃。排球运动的发展是一个相互吸收、不断融合的过程,且这种吸收与融合不是一次性的,需要持续进行。

在发展过程中,排球文化还会面临一定的冲突与分化,这些都会进一步加深排球文化的传承性。

3.公平性

排球运动的公平性,体现在宏观、微观两个层面。
(1)宏观

无论是排球比赛的规则,还是排球运动体现出的体育精神,都是为了保证比赛双方能够在公平、合理的前提下,凭借各自的实力夺得胜利。
(2)微观

无论是发球、传球、拦网等排球技术,还是防守、进攻等排球战术,都需要运动员在各自的岗位上发挥相应的作用。

尽管运动员在比赛中担负的任务不同,但其对比赛结果而言都同等重要。换言之,每一名运动员参与竞争的机会都是均等的。

4.时代性

经过漫长的发展历程,排球运动正在演变为一种文化现象,且发展与社会基本同步。这就导致排球运动有时会被视作对社会生产力、经济水平的反映。

在影响排球运动发展的诸多因素中,生产方式起着决定性作用,会对排球运动的性质、内容有所制约。因此,在分析排球运动的文化特性时,必须考虑到生产方式的时代性。

(二)排球运动的文化类型

按照不同的分类方式,可将排球运动文化划分为不同的类型。

1.按照运动目标划分

(1)竞技排球文化
竞技排球文化是一种通过双方对抗来展现身体的力与美的现象。从审美的角度来看,竞技排球文化具有较强的艺术性;从哲学的角度来看,竞技排球文化是人们实现自我价值的重要方式。
(2)大众排球文化
大众排球文化是一种以大众参与为基本特征,以健身、健美、娱乐为主要目的的社会文化现象。

2.按照运动性质划分

按照运动性质,可将排球运动文化划分为娱乐排球文化、竞技排球文化两种类型。其中,娱乐排球文化具有宗教性、娱乐性、自发性;竞技排球文化具有竞技性、工具性、自觉性。

3.按照运动产品划分

以运动产品为依据,可将排球运动文化划分为三大类和若干小类,具体如表 1-2 所示。

表 1-2　排球运动文化的类型与内容

类　　型	内　　容
排球场馆文化	场馆建筑艺术
	竞赛氛围
	现场媒体宣传
排球用品文化	排球器材文化
	排球服饰文化
	排球证照文化
	排球纪念品文化
排球影视文化	排球现场直播
	排球现场采访
	排球现场评论

可以说,正是以排球运动为基础产生的多样文化,才为排球运动的进一步发展提供了重要依据。

第四节　排球运动的分化与大赛简介

一、排球运动的分化

排球运动因运动负荷适中、具有较强的娱乐性等优势,长期以来都广泛受到不同阶层人们的青睐,并逐渐分化为竞技排球、娱乐排球两条支线。

为满足不同群体的需求,排球运动不断分化,并衍生出不同的形式。除了较为常见的沙滩排球、软式排球之外,还有丰富多样的排球类型有待被人们发掘。下面将对排球运动的分化成果进行简单介绍。

（一）沙 滩 排 球

20 世纪 20 年代,沙滩排球诞生于加利福尼亚海岸。

排球运动最初只是一项非常单纯的休闲活动。人们每逢节假日,便会前往海边度假,并出于兴致在沙滩上玩起了排球。沙滩排球的原始形态所需工具十分简单,一根竹竿,一个球网,一个球,便可用来举办一场比赛。

后来,随着参与沙滩排球的人数大幅度增加,沙滩排球的技术水平也随之提升,并逐渐受到了商界的重视。在此情形下,沙滩排球的性质开始发生改变,即从娱乐活动变为竞技运动。

1940 年,在美国的加利福尼亚海滨举办了首场正式的沙滩排球比赛。

1987 年,在巴西的里约热内卢,举办了首届世界男子沙滩排球锦标赛。

1996 年,沙滩排球作为正式的比赛项目,被纳入亚特兰大奥运会。除此之外,沙滩排球在世界锦标赛、大满贯赛等大规模赛事中也拥有了一席之地。

（二）软 式 排 球

1988 年,日本排球协会推出了一项新型排球活动,即软式排球。

软式排球的制作材料是柔软的橡胶。不同受众使用的排球在重量、规格等方面均存在一定的差异。比如,成人组用球的重量为 200～220 克,周长为 77～79 厘米;儿童组用球的重量为 145～155 克,周长为 65～67 厘米。

软式排球所用的场地一般为 13.40 米×6.10 米,网高 2 米。双方派出的场上队员均为 4 人。

在实际比赛中,通常会分为家庭组、年龄组两种类型。其中,在参加家庭组比赛时,要从家庭中选出成人男女各一名、儿童两名进行组队。年龄组会被进一步划分为金、银、铜三个组别,不同组别对参赛人员的要求也有所不同,具体如表 1-3 所示。

表 1-3　软式排球年龄组的人数要求

组　别	人数要求
金组	50 岁以上:2 男 2 女
银组	40～49 岁:1 男 1 女
	50～59 岁:1 男 1 女
铜组	30～39 岁:1 男 1 女
	40～49 岁:1 男 1 女

　　软式排球比赛一般采用三局两胜制。按照顺时针轮转发球后,无场上位置限制,即 4 名队员均可拦网或网前扣球。但要注意的是,当家庭组的成人在后排时,其不可进入前场区扣球、拦网。此外,任何队员均不得扣、拦发球,亦不可过网拦网。比赛采用每球得分制,对分数的最高限制为 17 分。

　　软式排球具有重量轻、体积大、球体柔软等特征,这使得类似上手传球等技术动作变得相对容易。软式排球的参与者不受性别、年龄、水平的限制,即使是举办缺乏排球技术基础的初级比赛,也是可行的。因此,软式排球一经推广,便广受欢迎。

　　现如今,软式排球早已被推广至多个国家。软式排球在我国的引入大约可追溯至 1995 年,标志事件是在北京体育大学举办的首场软式排球比赛。随后,在 1996 年 1 月,中国排球协会宣布将大力开展沙滩排球、软式排球等活动,并鼓励青少年群体参与其中。

(三)残疾人排球

　　残疾人作为一个弱势群体,并不应因身体上的缺陷而被剥夺参与体育活动的权利。但基于残疾人群体的现实情况,又需要对其可参与的体育活动加以针对性改进。基于此,残疾人排球应运而生。

　　以残疾人群体的生理特点为依据,可将残疾人排球分为以下三种类型:

1.坐式排球

坐式排球是一种专为双下肢残疾者设计的,坐地面打的排球活动。

1956 年,坐式排球首次见于荷兰。

1980 年,男子坐式排球首次以正式比赛项目的身份,进入残奥会。

2004 年,女子坐式排球被列为残奥会的正式比赛项目。

坐式排球的比赛场地通常为 10 米×6 米,进攻线一般距离中线 2 米。男子网高为 1.15 米,女子网高为 1.05 米,网宽为 0.8 米。

总的来说,坐式排球沿用的是 6 人制排球的规则。但在此基础上,其增添了"在比赛中,击球队员的臀部在击球时不得离地"的规定。

2.站式排球

站式排球主要面向的是单下肢残疾的群体,其是一种可戴假肢站立并参与的排球活动。

3.盲人排球

盲人排球,即专门为盲人设计的排球活动。在排球内部安装响铃,无论球是正在飞行还是已经落地,都会发出清脆的铃声,以便于盲人击打。

(四)气排球

在我国,气排球算得上一项"土生土长"的群众性体育活动。

1984 年,呼和浩特铁路局为给老年群体安排体育活动,在没有规则限制的情况下,组织离退休职工在排球场上进行气球击打游戏。不过,由于气球容易爆炸且重量过轻,他们决定将两个气球套在一起。后来,又改进为使用儿童软塑球,并将这一活动命名为"气排球",同时按照 6 人制的排球规则,制定了基本的比赛规则。

1991 年,全国铁路老年体育工作会议指出,应在全国铁路系统的老年人群体中推广气排球运动。同年,《气排球竞赛规则》编写完成,上海市还特制了比赛专用的气排球。

1992 年 3 月,石家庄开办了全国铁路系统气排球学习班。同年 11 月,武汉组织举办了国内首届铁路系统老年人气排球比赛,分别有 7 支男队、6 支女队参加比赛。

1993 年 3 月,"火车头"老年人气排球协会在北京成立。同年 7 月,全国铁路系统第 2 届老年人气排球比赛分别在齐齐哈尔、锦州举行。一年一届的老年气排球比赛也自此正式形成规模。

现如今的气排球大多由软塑料制成。比赛用球的重量一般为 100～150 克,圆周一般为 79～85 厘米,比赛场地的面积一般为 12 米×6 米,比赛用网的高度一般为男子 2 米、女子 1.8 米。

气排球比赛的参赛队员以 5 人为标准,且所用球体的颜色为黄色。气排球的打法、记分方法均与竞技排球相类似。不过,与竞技排球相比,气排球的技巧性相对较低,在比赛过程中,球的飞行速度也明显减慢。再加上来回球的次数增加、击球花样增多,使得气排球比赛的趣味性大大提升。而这些特点也是老年人、少年儿童同样可以成为气排球受众的主要原因。

（五）妈妈排球

妈妈排球起源于日本名古屋。由于此类排球运动的参与者大多为人母,故而被命名为"妈妈排球"。

妈妈排球比赛一般采用淘汰制,共分为7组,且得分不受发球限制。

1979年,名古屋的"妈妈队"来我国访问,对这种明显带有娱乐性质的排球运动进行介绍和表演。在参与表演的队员中,年龄最大的已有82岁。此后,妈妈排球在我国便开始拥有一定的存在感。

1987年,上海市举办了首届"妈妈排球邀请赛",一共有4支"妈妈队"参与其中。

（六）小排球

小排球与妈妈排球类似,面向的都是特定群体,即少年儿童。小排球的"小",主要体现在以下两个方面:

第一,球小。小排球所用的球,其重量约为正常排球的70%。

第二,人小。在日本,一般从小学四年级开始接触小排球;在俄罗斯,小学三年级的学生便开始学习小排球;在我国,学习小排球的学生,其年龄也大多在12岁以下。

1983年5月,法国专门组建了欧洲小排球委员会,旨在向12岁以下的少儿群体传授排球技能。

（七）墙排球

墙排球最早流行于美国,其主要作用是娱乐、健身。

墙排球要求人们在一块长12.19米、宽6.1米、顶高6.1米的墙球场地上架起一个高度为2.13米的球网。墙排球的打法与普通排球极为相似,但其可以利用墙壁的反弹作用,只要球不落地,就可以一直打下去。常见的墙排球形式有三打三、二打二、四打四等。

作为一种健身方式,墙排球对个体的反应能力、技术技巧提出了较高的要求。早在1987年,我国男排在访美时,便与美国男排教练进行过一场小型的墙排球比赛。这场比赛以中方 3∶0 获胜,不过在比赛结束后,这些专业的男排运动员亦感到了长达数天的身体酸痛。墙排球的健身功能可见一斑。

二、排球运动大赛简介

(一)世界排球锦标赛

世界排球锦标赛是世界上举办最早的国际级别的排球比赛。1949 年,首届世界排球锦标赛成功举办。在此之后,对各洲参加的队伍数量、参赛的国家与地区的限制都逐渐放开,参与其中的球队便越来越多。

1949 年,第一届世界男子排球锦标赛在布拉格成功举办。1952 年,第二届世界男子排球锦标赛、第一届女子世界排球锦标赛在莫斯科成功举办。随后,世界排球锦标赛每四年举行一次,并成为参赛队伍最多的一项世界排球比赛。

(二)世界杯排球赛

1959 年,一场被称作"三大洲"(亚洲、欧洲、美洲)排球赛的世界男子排球比赛在法国举办。这场比赛正是世界杯排球赛的前身。

1964 年,在东京奥运会举办期间,"三大洲"排球赛被重新命名为世界杯排球赛。与此同时,国际排联还规定要每隔四年举办一次。首届世界杯女子排球赛举办于 1973 年。

对于世界杯排球赛,参赛队伍必须经过严格的选拔,且不得超过 12 支队伍。能够参加决赛的队伍一般包括以下几类:①东道主代表队;②上一届世界杯的冠军队;③上一届锦标赛的冠军队;④各区预选赛的冠军队。

自 1977 年起,在国际排联的安排下,世界杯排球赛的举办地点被固定在日本的东京及其他城市。

(三)奥运会排球赛

1964 年,在东京奥运会上,排球运动被列为正式的奥运会参赛项目,这也就决定了奥运会排球赛将每四年举行一次。

参加奥运会排球赛的队伍要经过严格的选拔。从原则上讲,一个洲只允许一个代表队参加比赛,再加上上一届奥运会排球赛、世界排球锦标赛的前两名,一共有8～12支参赛队伍。

1996年,沙滩排球被正式纳入奥运会比赛。至此,排球赛的金牌由2枚增至4枚。

第二章　排球技术教学

排球技术是指排球运动员能够合理运用的击球动作与配合动作。本章将分别对排球运动的准备姿势、移动技术、发球技术、垫球技术、传球技术、扣球技术、拦网技术进行教学分析。

第一节　准备姿势与移动技术教学

准备姿势与移动技术作为无球技术的常见形式，是人们得以顺利运用发球、传球等排球有球技术的前提。而准备姿势与移动技术之间，本身也是相互影响、相辅相成的。具体来讲，正确的准备姿势是为了快速移动，快速移动又须以正确的准备姿势为基础。

一、准备姿势

准备姿势是指排球参与者为完成技术动作而维持的正确的身体姿势。准备姿势的正确与否，一方面要看人的身体重心能否保持相对稳定，另一方面也要看运动员能否顺利移动，并做好要求的技术动作。

以人的身体重心为依据，可将准备姿势分为以下三种类型：

（一）半蹲

1.动作要领

半蹲的动作要领具体如下：
①双脚开立，略宽于肩。
②一只脚略微前伸，双脚脚尖内收，脚跟提起。
③膝关节适度弯曲，投影于脚尖前方。
④上身前倾，重心向前。

⑤双臂放松,自然弯曲,将双手置于腹前。
⑥肌肉放松,目视来球,双脚微动。

2.动作分析

半蹲的动作要领主要具有以下意义:
①脚跟提起,膝关节弯曲,是为了方便各个方向的蹬地启动。
②拉长伸膝肌群,有利于起跳、下蹲等动作的进行。
③上身前倾,有利于向前、向侧前方移动。
④将双臂置于胸腹之间,有利于在移动时摆臂、做各种击球动作。
⑤肌肉应保持适度放松,既不可完全放松,也不可过度紧张。
⑥双脚微动有利于神经系统的适当兴奋,同时减少静止的惯性。

(二)稍 蹲

稍蹲的动作要领与半蹲基本相同。不过,在稍蹲时,人的重心一般会略微高于半蹲。

(三)低 蹲

与半蹲相比,人在低蹲时需要重心更低,且更加靠前。
此外,双脚也应保持更宽的左右距离或前后距离,且膝部的弯曲程度应当更加明显。
在将双手置于胸腹之间的同时,还需确保自己肩部的投影过膝、膝部的投影过脚尖。

二、移动技术

移动指的是运动员从启动到制动的过程,其主要目的是通过使人接近球,来保持人与球的最佳位置,从而使人便于击球。
移动是否及时、到位,将直接关系到排球运动员的技战术水平。移动的过程由以下三部分构成:

(一)启 动

启动是移动的起点,其需要基于准备姿势,通过不同的方式(如调整重心),来完成整个身体向目标的移动。

1.动作方法

在启动时,排球运动员应根据球场上的实际情况,选用合适的准备姿势,以便于快速移动、灵活改变移动方向。

以向前移动为例,运动员的启动应遵照以下标准:

第一,保持标准的准备姿势。

第二,向前抬腿、收腹,上身前探。

第三,后腿蹬地,使身体向前启动。

2.技术分析

(1)力学原理

从本质上来讲,启动意味着破坏平衡。

人在将腿部前抬时,身体会失去平衡,并逐渐前倾,这就是启动的开端。

要想实现快速启动,就要降低并前移身体重心,增大后蹬时在水平方向上的分力,而这些都需要通过收腹、上身前倾等动作方可实现。

(2)主要动力

在蹬地时,来自肌肉的爆发式收缩是主要的启动动力。在一般情况下,用来蹬地的那条腿爆发的肌肉力量越强,其启动的速度就会越快。

(3)技术要点

启动的技术要点可概括为八个字,即"抬腿,蹬地,破坏平衡"。

(二)移动步法

1.动作方法

排球运动的移动步法形式多样。运动员在启动后,可根据临场需要,灵活运用各种移动步法。

(1)并步与滑步

在并步时,如需左移,应右脚蹬地,左脚向左跨步。随后,右脚跟上左脚,做好击球准备;如需右移,反方向地完成上述动作即可。

连续的并步,即滑步。

(2)跨步与跨跳步

在跨步时,如需前移,应后腿蹬地。前脚朝来球方向跨步,膝部弯曲。上身前倾,将身体重心移至前腿。

跨跳步即跨步时涉及的跳跃、腾空动作。

（3）交叉步

交叉步是指运动员在侧向移动时,双脚交叉移动的动作。以向左交叉步为例,其动作要领具体如下:

第一,上身稍向左转。

第二,从左脚前出发,右脚向左,交叉迈步。

第三,左脚向左跨步。

第四,将身体转至来球方向,同时维持击球前的姿势。

（4）跑步

在跑步时,双臂要注意配合,并正确摆动。

当球出现在身体的侧方或后方时,运动员应一边转身、一边跑动。

（5）综合步

综合步即对上述步法进行综合运用后所形成的步法。

2.技术分析

对移动步法的技术分析具体如下:

第一,在并步移动时,运动员要确保后腿的快速跟进,以保持身体平衡,同时便于作出各种击球动作。

第二,在跨步移动时,运动员应降低身体重心、增大步幅,以便于接住1～2米处的低球。交叉步应以两步移动为主。

第三,运动员在抬腿、弯腰、移重心时,要确保第一步的"快"。

（三）制动

排球运动员在快速移动后,一般都会采用制动技术,这一方面是为了克服由身体惯性带来的冲力,另一方面是为了维持击球姿势的稳定性。

1.动作方法

在制动环节,常用的动作方法包括以下两种:

（1）一步制动法

一步制动法的动作要领具体如下:

第一,跨步,与此同时,降低身体重心。

第二,膝部、脚尖依次内转,随后,全脚掌横向蹬地。

第三,依靠腰部与腹部的力量,对上半身加以控制。

第四,双脚构成一个支撑面,使身体重心的投影落入其中。

（2）两步制动法

两步制动法的动作要领具体如下:

第一,在迈出倒数第二步时,进行首次制动。

第二,迈出最后一步,与此同时,进行第二次制动。

第三,用后仰的方式,降低身体重心。

第四,双脚用力蹬地。

第五,为便于下个动作的进行,将身体维持在合理的姿势中。

2.技术分析

对制动的技术分析具体如下:

第一,制动的根本目的是恢复身体的平衡。

第二,运动员在跨出最后一步时,地面会给予其一定的支撑。此时,身体的移动方向相背于水平分力,这有利于减缓身体重心的移动速度。

第三,在跨出最后一步时,运动员之所以需要降低身体重心、保持上身后仰,是为了减小蹬地角、增大稳定角,以便于制动。

第四,"跨大步,降重心"是制动的核心要点。

三、准备姿势与移动技术的教学与练习

(一)教学顺序

在进行准备姿势与移动技术的教学时,可按照以下顺序进行训练:

第一,学习半蹲准备姿势。

第二,学习稍蹲、低蹲准备姿势。

第三,按照并步、跨步、交叉步的顺序,学习移动技术。

第四,介绍滑步、跑步、综合步法。

(二)教学步骤

1.准备姿势的教学步骤

准备姿势的教学步骤具体如下:

(1)讲解

讲解的内容包括以下几点:

①准备姿势的作用与类型。

②半蹲准备姿势的具体动作要领。

③稍蹲、半蹲、低蹲之间的共同点与差异。

（2）示范

在示范时,要注意以下两点:

第一,在示范的同时,要配合讲解。

第二,既要从正面示范,也要从侧面示范。

（3）组织练习

在组织练习时,可先进行原地练习,再一边移动、一边练习。在练习过程中,要对常见的错误动作进行及时纠正。

2.移动技术的教学步骤

移动技术的教学步骤具体如下:

（1）讲解

讲解的内容包括以下几点:

①移动的作用。

②移动与准备姿势之间的关系。

③移动步法的类型,以及对应的动作要领。

④在排球比赛中,运用移动步法的最佳时机。

（2）示范

在示范时,要注意以下两点:

第一,在示范的同时,要配合讲解。

第二,既要从正面示范,也要从侧面示范。

（3）组织练习

移动技术的练习,主要包括徒手练习、结合球练习、结合技术练习等形式。在练习过程中,要注意对错误动作的纠正。

（三）练习方法

1.准备姿势的练习方法

在进行准备姿势练习时,常用的方法包括以下几种:

①横向排两队,按照口令,进行不同类型的准备姿势练习。

②每两人分为一组,其中一人进行实操,另外一人帮助前者纠正错误。一轮练习完毕后,进行身份互换。

③原地跑步,同时按照口令,做不同的准备姿势。

2.移动技术的练习方法

在进行移动技术练习时,常用的方法包括以下几种:

（1）徒手练习

移动技术徒手练习的常用方法具体如下：

①半蹲，根据口令，做各种步法练习，并朝着不同的方向移动。

②两人一组，相对而立，一前一后，同向移动。

③用滑步或交叉步，进行3米往返移动。

④自端线起，按照标准步法，进行"进6米，退3米"的连续往返练习。

（2）结合球练习

移动技术结合球练习的常用方法具体如下：

①两人保持6米的距离，持球而立。同时，将球滚至距对方大约3米之处，而后移动。接住球后，再将球滚给对方。循环练习。

②两人一组。一人持球，从不同方向将球抛出2～3米；另一人移动，用双手在额前接住球。

③数人纵队排列，在球网前站立，依次接住来自不同方向的球。

（3）结合其他技术练习

结合其他技术练习一般包括两种形式，一是结合准备姿势练习，二是结合传球、扣球、垫球等技术的练习。

四、准备姿势与移动技术的易犯错误与纠正方法

（一）准备姿势

在准备姿势练习中，运动员常犯的错误及相应的纠正方法具体如下：

第一，提脚跟时过于刻意。纠正方法：明确提脚跟应为由腰部、膝部、踝部弯曲引起的自然反应，完成这一动作时无需紧张。

第二，全脚掌着地。纠正方法：提起脚跟，同时将双脚前后分开。

第三，直腿弯腰。纠正方法：低姿势移动。

第四，臀部后坐。纠正方法：重心向前，双膝投影超过脚尖。

（二）移动技术

在移动技术练习中，运动员常犯的错误及相应的纠正方法具体如下：

第一，启动速度慢。纠正方法：加强辅助练习（如用不同姿势起跑）。

第二，身体在移动时起伏较大，且重心偏高。纠正方法：加强穿过网球的往返移动练习。

第三，在制动后未能保持准备姿势。纠正方法：双脚与膝部内扣，最后

一步步幅稍大。

第二节　发球技术教学

发球对排球运动的重要性不言而喻,其本质上属于"进攻"的范畴。作为唯一一项不受他人约束的排球技术,发球主要表现为运动员先在己方发球区抛球,再将球击入对方场区。

对排球运动员来说,准确且富有攻击性的发球不仅有利于直接得分,还能在很大程度上破坏对方的战术,从而减轻己方的防守压力、增加反击的可能性。因此,发球在排球比赛中的重要性越来越受到人们的重视。

一、发球技术的动作方法

排球运动员在发球时,通常会采用以下几种方法:

(一)正面上手发球

正面上手发球是一种准确性较高的发球方式,不仅要求运动员面向球网站立(为了方便观察),还要求运动员借助身体的动作(如转体、收腹)和手指、手腕的动作,加快手臂的挥动速度,增强发球时的力量,以使球前旋飞行,从而减小球出界的可能性。

1.动作方法

下面将以右手发球为例,介绍正面上手发球的动作方法。

第一,双脚开立,左脚在前,面朝球网。

第二,左手持球,置于身前。将球垂直地朝着右肩的前上方抛去。

第三,右臂抬起,屈肘后引,肘部与肩部保持同一高度。

第四,上身略微向右转体。

第五,借助蹬地、转体等动作,带动手臂挥动击球。

第六,在右肩前上方伸直手臂,用手掌击球的中下部。手指张开,手腕推压,以确保击出的球能够前旋飞行。

2.技术分析

正面上手发球的技术分析具体如下:

第一,在准备姿势阶段,左脚在前,是为了方便右臂的后引、身体的后转、向左的挥臂击球。

第二,在抛球时,要确保平稳,同时选择适当的高度,以增强击球的准确性。具体来讲,抛球过前,球将难以过网;抛球过高,不利于运动员把握击球时机;抛球过低,运动员将难以挥臂用力。

第三,在挥臂之前,后引肘关节,不仅有利于充分拉伸肌肉,还有利于转体、挥臂等动作的加速。

第四,在击球时转体,同时还需收腹发力,并用腰部带动肩部、肩部带动手臂、手臂带动手腕,最终使力量抵达手上。

第五,击球时,双脚蹬地,上身加速向前运动,提高挥臂的速度,以增强击球时的力量。

第六,用手掌击球的中下部,是为了增大击球面积,以便更好地控制球。

(二)正面上手发飘球

正面上手发飘球的原理是通过正面上手的动作,使发出的球得以飘晃飞行。此类发球方法包含三种类型,分别是重飘、轻飘、远飘。

在以这种方式发球时,发球者需面向球网,以随时观察对方接发球的情况。

1.动作方法

正面上手发飘球的动作方法具体如下:

第一,准备姿势与正面上手发球基本相同。不过,重心应更低、更靠前。

第二,右臂屈肘后引,上身后仰。

第三,手臂从后往前,沿直线进行挥动。

第四,五指并拢,手腕后仰,用掌根平击球的中下部。

第五,在击球的那一刻,手指、手腕都应是紧张的,且不做推压动作。

第六,击球时的发力应突然、快速、短促。

2.技术分析

正面上手发飘球的技术分析具体如下:

第一,在抛球时,之所以要求运动员的身体重心更靠前、更低,是为了在挥臂时,能够真正地向前用力。

第二,在击球前,沿直线挥动手臂,是为了使作用力通过球体的重心,确保球体向前飞行,且不会旋转。

第三,用掌根或手臂的其他部位(主要指较为坚硬的部位)击球,力量会更加集中、短促。

第四,击球时,保持手指、手腕的紧张状态,是为了使球体快速离手,从而压缩手对球产生作用的时间。

(三)勾手发飘球

勾手发飘球一般会被简称为"勾飘"。作为一种常用的发球方式,其旨在达到确保发出的球能够不旋转地飘晃飞行的目的。而要想达到这一目的,发球者就要以"勾手"的形态,对着球网侧向站立。

勾手发飘球重点利用的是下肢、腰部的力量,这使得其同样适用于远距离发球。

1.动作方法

勾手发飘球的动作方法具体如下:

第一,身侧面向球网,双脚开立。

第二,左手持球,置于胸前,将球抛至左肩前上方。

第三,击球时,右脚蹬地。

第四,上身左转,同时发力,用这股力量促成手臂的挥动。

第五,用掌根从右肩的左上方击打球的中下部。

第六,在击球的那一刻,五指并拢,手腕后仰,做"突停"动作。

2.技术分析

第一,蹬地动作和上身的转动,均是为了加快手臂的挥动速度,以减小肩关节的负荷,有利于长距离飘球。

第二,用掌根击打球的中下部时,因击球面积较小,故而更易飘晃。

第三,击球点如果能够避开伸直手臂的最高点,那么就能保证手臂的直线挥动,球也不会因此而旋转。

第四,在击球过程中,无论是保持手指、手腕的紧张,还是手臂挥动时的"突停"动作,都是为了维持球的飘晃。

(四)跳发球

跳发球以助跑起跳为基本动作,致力于从空中将球击入对方场区,主要作用在于增强进攻性。

跳发球的常见形式有两种,一是跳发飘球,二是跳发旋球。其中,跳发旋球的使用频率更高,这是因为其有助于提高击球点,使运动员的身体得到充分舒展,进而使运动员能够更好地发力。

1.动作方法

跳发球的动作方法具体如下:

第一,面向球网,与端线保持一定距离(一般为 2～4 米)。

第二,将球抛至距地面 4～7 米的位置,在球脱手的那一刻,助跑,跳起。

第三,起跳时,要在保证双臂足够协调的同时,最大幅度地摆臂。

第四,收腹,转体,带动手臂挥动,从右肩前上方击球。

第五,手臂伸直,全手掌击球的中下部,与此同时进行推压。

第六,在击球后,伴随着膝部的缓冲,双脚落地。

2.技术分析

跳发球的技术分析具体如下:

第一,在跳发球时,助跑起跳主要发挥着以下作用:①获得水平方向的初速度;②增强击球力量;③提高击球点;④使球具备威胁性。

第二,需要击球中部的主要原因,是跳发球的击球点普遍偏高。只有这样,才能达到既保证过网又增大威力的效果。

(五)正面下手发球

概括来讲,正面下手发球需要发球者面向球网,摆动手臂(后下方→前方),而后从腹前,将球击入对方场区。

正面下手发球是一种相对简单的发球操作,适合初学者使用,其动作方法具体如下:

第一,面向球网,左脚在前,右脚在后。

第二,膝部稍稍屈起,上身略微前倾,以使重心移至后脚。

第三,左手持球,置于腹前。将球抛至体右,右臂伸直,向后摆动。

第四,右腿蹬地,将重心移至前脚。

第五,右手前摆,击球。

第六,在腹前用全手掌击球的中下方。

(六)侧面下手发球

侧面下手发球是一种要求运动员侧对球网站立的下手发球方法,其同样适合排球初学者使用。

侧面下手发球的动作方法具体如下:

第一,左肩对网,双脚开立。

第二,膝部微屈,上身前倾。此时,身体重心应在两脚之间。

第三,左手将球抛送至体前,与身体相距一臂。

第四,右臂摆至体侧后下方。

第五,右脚蹬地,向左转体。右臂朝前上方摆动。

第六,用全手掌从腹前击球的中下方。用掌根、虎口亦可。

(七)勾手大力发球

勾手大力发球要求发球者首先激发出全身的爆发力,而后用"勾手"的姿势,发出大力、快速的球,其动作方法具体如下:

第一,身侧对网,双脚开立。

第二,左手持球,置于胸前,将球朝着左肩前上方抛出。

第三,双脚弯曲,上身右倾,再向右转。

第四,右臂朝右后方摆动,将重心移至右脚。

第五,右脚蹬地,转体,右臂弧形挥动。将重心移至左脚。

第六,手臂伸直,从左肩前上方,全手掌击球的中下部。

第七,手指张开,与手腕共同推压,使球前旋飞行。

(八)侧旋球

以球在飞行过程中的旋转方向为依据,可将侧旋球细分为左侧旋球、右侧旋球两种类型。

无论是准备姿势,还是具体的肢体动作(如抛球、挥臂等),侧旋球都与正面上手发球遵循着一致的标准。具体来讲,应先击球的右(左)部,再从右(左)往左(右)带腕,做旋内(外)动作。

(九)高吊球

高吊球是一种高度高、易旋转的发球方式,其容易受到光线、风力等因素的影响,具体的动作方法如下所述:

第一,右侧对网站立,右脚在前,左脚在后。

第二,将重心移至右脚,膝部微屈,上身前倾。

第三,将球抛至面前,确保球能够在距离身体大约一条手臂的位置落下。

第四,右臂后摆,蹬地,展腹,猛地上挥右臂。

第五,屈肘,以加速挥动前臂的动作。

第六,用虎口击球的下部偏左处,使球一边旋转、一边上升。

二、发球的注意事项

排球运动员在发球时,应注意以下几点:

(一)抛球稳

抛球时的稳定与否将直接影响发球的准确性。忽高忽低、忽远忽近,都会给发球带来不利影响。

(二)击球准

要想使发球的效果达到最佳,基本前提之一就是要用标准的手型,准确无误地击中球的相应位置。

(三)手法正确

运动员选用不同的击球手法,会使发出球的性能产生差异。但无论选用哪种手法,都必须是正确的,这样才能达到理想的效果。

(四)用力适中

判断运动员用力是否适中,主要取决于以下因素:①发球时的站位;②击球时的弧度;③发出球的性能与落点。

三、发球技术的教学与练习

(一)教学步骤

发球技术的教学步骤具体如下:

第一,讲解。讲解的具体内容包括发球对排球比赛的意义、发球的动作方法、发球涉及的三要素(抛球、击球、手法)等。

第二,示范。示范的内容以完整的发球动作为主,在示范时,要注意讲解与分解动作示范的同步进行。

第三,组织练习。练习形式包括徒手、结合球(网)、结合战术等。

第四,纠正错误动作。

(二)练习方法

1.徒手练习

徒手练习的常用方法包括以下几种:
①徒手抛球。
②运用连续动作,徒手模仿发球。
③朝着指定目标,挥臂击球。

2.结合球练习

结合球练习的常用方法包括以下几种:
①按照发球要求,做自抛练习。
②与抛球动作相结合,做引臂、挥臂两者相配合的练习。
③近距离对墙发球练习。
④两人一组,保持10米距离,做相互发球练习。

3.结合球网练习

结合球网练习的常用方法包括以下几种:
①隔网发球练习(距离不可太远)。
②站在端线位置,向对区发球。
③依次站在端线的左、中、右,向对区发球。
④依次站在距端线远、中、近的位置,向对区发球。

4.结合战术练习

结合战术练习的常用方法包括以下几种:
①将场地划分为若干区域,朝着指定区域发球。
②在接、发球站立的间歇时间,进行发球练习。
③朝着场地的边、角处发球。

四、发球时的易犯错误与纠正方法

(一)正面上手发球

正面上手发球时的易犯错误与纠正方法具体如下:

第一,击球点太过靠前或靠后。纠正方法:放置一个位置适中的悬挂物,以此为基准,进行向上抛球练习。

第二,转体幅度过大。纠正方法:加强徒手挥臂练习。

第三,未推压带腕。纠正方法:对墙进行近距离发球练习。

第四,身体不够协调用力。纠正方法:向上抛羽毛球。

（二）勾手发飘球

勾手发飘球时的易犯错误与纠正方法具体如下:

第一,抛球偏高。纠正方法:由同伴站在高台上,并将手放在合适的高度,练习者在台上向上抛球,球的高度不得超过同伴的手。

第二,弧线挥臂。纠正方法:明确手臂在击球前的运动轨迹,并击固定球。

第三,击球点偏高或偏低。纠正方法:进行徒手挥臂练习;借助墙壁或球网,进行挥臂练习。

（三）上手发飘球

上手发飘球时的易犯错误与纠正方法具体如下:

第一,挥臂动作不固定。纠正方法:用掌根轻击球,并在与墙面相距5～6米的位置进行徒手挥臂练习。

第二,身体重心偏后。纠正方法:在击球前,由同伴轻推发球者,使其体会重心向前跟进的感觉。

（四）跳发球

跳发球时的易犯错误与纠正方法具体如下:

第一,抛球位置不当(过于靠前或过于靠后)。纠正方法:练习抛球,使之符合自身的起跳特点。

第二,抛球与起跳配合不佳。纠正方法:做"自抛自扣"练习。

第三节　垫球技术教学

垫球指的是借助手臂的迎击动作,将来球从垫击面上反弹出去的动作,其是组织进攻、加强防守的基础。

作为排球的基本技术之一,垫球技术一直随着排球运动的发展而不断创新,垫球的手法与动作变得越来越多样化。

一、垫球技术的动作方法

(一)正面双手垫球

正面双手垫球是其他垫球姿势的基础,其对动作的基本要求是用双手在腹前垫击来球。

1.动作方法

正面双手垫球可用的手型包括抱拳式、互靠式等。无论选用哪种手型,都要将手腕下压,使双臂外翻。

按照来球力量的大小,可将正面双手垫球分为以下三种类型:

(1)垫轻球

垫轻球的动作要领具体如下:

①半蹲。

②当球飞来时,双手手腕下压,双臂外翻。

③当球飞至距离腹部一臂时,双臂前伸,向前上方蹬地,抬臂,迎击来球。

④在腕关节以上大约10厘米处的桡骨内侧,平面击球的中下部。

⑤身体重心应随着击球动作前移,且击球点应保持在腹前。

(2)垫中等力量来球

垫中等力量来球的动作要领与垫轻球基本一致。不过,由于来球的力量更强,在击球时应稍微放慢动作,且保持手臂的适度放松。

(3)垫重球

在垫重球时,运动员应注意以下几点:

第一,根据来球的高度,选择合适的准备姿势。

第二,在击球时,不仅要含胸、收腹,手臂还要随之屈肘、后撤。

第三,可用前臂或手腕控制垫球的方向与角度。

2.技术分析

正面双手垫球的技术分析具体如下:

第一,适当降低身体重心,有利于"低垫高挡"。

第二,之所以将触球部位选在腕关节以上10厘米处的桡骨内侧平面,是因为此处不仅面积大,肌肉也富有弹性,有利于缓冲来球的力量。

第三,击球的用力大小与方式会随着来球力量、来球弧度的变化而变化。具体来讲,用力大小应与来球力量成反比;来球过高时,运动员可通过伸膝、蹬腿等方式,提高身体重心,而如果来球较低,运动员则可以低蹲垫球。

（二）体侧垫球

体侧垫球即在身体侧面垫球,其优点是控制面较宽,缺点则是难以把握垫击的方向与落点。

1.动作方法

体侧垫球（以左侧为例）的动作方法具体如下:
①用右脚前脚掌的内侧蹬地。
②左脚向左跨步,将身体重心移至左脚,同时稍屈左膝。
③双臂夹紧,朝左侧伸出,右臂向下倾斜,左臂的位置则需高于右臂。
④向右转腰,双臂从体侧截击球的中下部。
⑤切忌手臂随着球随意摆动。

2.技术分析

体侧垫球的技术分析具体如下:
第一,左脚向左跨步,是为了增大可控面积,从而更加接近球,便于对球加以控制。
第二,右臂向下倾斜,左臂的位置高于右臂,有利于双臂组成的平面与水平面形成合适的夹角,进而便于截击来球。
第三,在垫球时,手臂不可随球摆动,主要是为了保证侧垫的稳定性。

（三）背垫

背垫是指背对出球方向的垫球,其主要作用是接应被同伴垫飞的球、将球处理过网等。垫击点较高是背垫的特征之一。
由于背对垫球方向,运动员在背垫时往往难以观察目标,且很难准确地把握击球的方向与落点。

1.动作方法

背垫的动作方法具体如下:

①判断来球的落点、方向、与球网之间的距离。

②快速移至球的落点处,背对出球方向。

③双臂夹紧、伸直,插到球下。

④击球时,蹬地、抬头、挺胸、展腹、直臂,向后上方抬送击球。

⑤借助屈肘、翘腕等动作,用虎口出球,将球朝后上方垫起。

2.技术分析

背垫的技术分析具体如下:

第一,背对出球方向,有利于增强背垫方向的准确性。

第二,双臂夹紧、伸直,插到球下,以及蹬地、抬头、挺胸等动作,都是为了更好地向后击球。

第三,在垫低球时,屈肘、翘腕等动作同样是为了利用向后的力击球。

(四)挡球

1.动作方法

挡球是指在来球较高、难以用手臂进行垫击时,运动员单手或双手在胸部以上的位置挡击来球的动作。其中,单手挡球多用于挡击力量较小、位于头部上方(或侧上方)的来球;双手挡球多用于挡击力量大、速度快的来球。掌握挡球技术,有助于运动员扩大控制范围,增强前区的防守效果。

(1)单手挡球

单手挡球的动作要领具体如下:

①手臂屈肘上举,肘部朝前,手腕后仰。

②用手掌的掌根或拳心击球的中下部。

③在击球的那一刻,手腕要保持紧张。

④如来球较高,可跳起挡球。

(2)双手挡球

双手挡球的手型主要包括两种,一是抱拳式,二是并掌式。

抱拳式的动作要领具体如下:双肘弯曲;一只手半握拳,另一只手外包。

并掌式的动作要领具体如下:双肘弯曲;两只手的虎口交叉;双臂外侧朝前,手掌合并成勺形。

在挡球时,手臂应屈肘上举,同时肘部朝前、手腕后仰。随后,用双手的手掌外侧与掌根所构成的平面挡击球的中下部。注意保持击球瞬间的手腕紧张、力度适中。

2.技术分析

挡球的技术分析具体如下：

第一,屈肘、手腕后仰等动作的主要作用是确保运动员在击球时,能够自主地加大或缓冲来球的力量,从而更好地控制球。

第二,用双手手掌的外侧、掌根、拳心面击球,是为了增大手掌与球的接触面积,从而增强球的稳定性与准确性。

第三,挡击球的中下部,是为了使挡起的球获得一定的高度。

（五）跨步垫球

跨步垫球,即向前或向侧跨出一步进行垫球的方法,适用于来球距离身体一米左右,或来球速度较快,运动员来不及移动的情况。

跨步垫球的动作要领具体如下：

①判断来球的落点,向前或向侧跨步。

②屈膝制动,将重心落在跨出腿上。

③上身前倾,双臂插入球下。

④对球的中下部做垫击动作。

（六）跪垫

跪垫适用于来球又低又远的情况,其动作要领具体如下：

①以低蹲为准备姿势,朝来球方向跨步。

②跨出腿的膝关节外展,后脚内侧、膝关节内侧着地。

③上身前倾,塌腰,塌肩,屈肘,使双臂贴近地面,插入球下。

④翘腕,用双手的虎口将球垫起。

（七）让垫

让垫适用于来球弧度较平、速度较快的情况,其动作要领具体如下：

①向侧跨出一步,跨出腿微微屈起。

②上身朝跨出腿让出,将身体重心移至跨出腿。

③在让开身体的同时,用体侧垫球,截住来球,进行垫击。

（八）滚翻垫球

滚翻垫球适用于来球距离身体较远、位置较低,运动员无法通过跨步垫球触及来球的情况,其优势主要包括以下几点：第一,加快移动的速度,更加接近球;第二,控制范围较大,有利于保障运动员的安全;第三,便于快速起立,转入下个动作时无需耗时。

滚翻垫球的动作要领具体如下:

①朝来球方向移动,跨步。

②降低重心,上身前倾,使胸部贴近大腿,将重心全部置于跨出腿。

③双臂(单臂亦可)伸向来球。

④双脚用力,向后蹬地,使身体朝来球方向伸展。

⑤用前臂、虎口、手腕击球的下部。

⑥击球后,顺势转体,大腿外侧、臀部外侧、背部、肩部依次着地。

⑦低头,含胸,收腹,团身,做后滚翻动作。

(九)前扑垫球

前扑垫球适用于运动员来不及向前跨步或移动,以接近球的情况,主要作用在于防范那些位于前方、低且远的球。

前扑垫球的动作要领具体如下:

①保持偏低的准备姿势。

②上身前倾,重心朝前。

③下肢用力蹬地,使身体向前扑出。

④双肩或单肩插入球下,用前臂、虎口、手背将球垫起。

⑤击球后,双手撑地,双肘顺势缓冲。

⑥膝关节伸直,以免触地。

(十)单手垫球

单手垫球适用于来球较远且速度较快,导致运动员来不及用双手垫球的情况,其优点是动作快、垫击范围大,缺点则是触球面积小、不易控制。

在单手垫球时,运动员可借助不同的步法接近球,而后用虎口、掌根、手背等部位击球。

(十一)侧卧垫球

侧卧垫球适用于球自侧面来,且位置低而远的情况,其动作要领具体如下:

①向侧跨出一大步,成深弓箭步。

②将重心移至跨出腿,跨出腿用力蹬地,使上身朝侧面伸展、腾出。

③击球手臂前伸,双手或单手将球垫起。

④体侧着地,侧卧,侧向滑动。

（十二）鱼跃垫球

鱼跃垫球适用于来球低且远的情况。鱼跃垫球的控制范围相对较大,不过动作难度往往也会随之增大。鱼跃垫球的动作要领具体如下:

①半蹲,上身前倾,重心前移。

②向前助跑1～2步(也可原地用力蹬地),使身体朝来球方向腾空跃出。

③手臂前伸,插到球下,双手或单手击球的下部。

④击球后,双手在身体重心的运动方向上着地支撑。

⑤双肘弯曲,抬头,挺胸,展腹。

⑥双腿弯曲,使身体呈反弓形,胸部、腹部、大腿依次着地。

⑦双手着地支撑后,向后做推撑动作,确保胸部、腹部在着地后,能够贴着地面向前滑行。

（十三）铲球

铲球适用于来球较低,导致运动员既无法双手垫球,也无法采用其他单手垫球的形式的情况。

铲球要求运动员用单手手背垫起,使手掌贴地,如同铲子向前运动,而后将球击在手背,反弹而起。

（十四）脚垫球

当一切手部动作均来不及触及来球时,运动员也可选择用脚垫球。不过,脚垫球技术尚未形成完整的技术动作,目前已知的动作要领主要包括以下两点:

①选择脚面上相对平整的部位。

②用适中的力度、合适的角度触及球,使球弹至一定的高度。

二、垫球技术的运用

（一）接发球

接发球既是组织排球战术进攻的基础,也是排球比赛中的关键环节。接发球的质量将直接关系到进攻的效果和比赛的结果。

在接发球时,运动员大多会选择正面双手垫球。不过,不同的发球性能也会影响运动员对接发球方法的选择。无论选择哪种方法,运动员都要做到准确判断、移动迅速、协调用力。

下面将简单介绍几种常用的接发球技术。

1.接一般飘球

球速慢、轻度飘晃是一般飘球的基本特征。在接一般飘球时,运动员要先准确判断落点,再快速移动取位,同时降低身体重心。等到球正式下落后,运动员应将手臂插入球下,而后垫起。

2.接下沉飘球

在球刚过网后,就开始减速下沉,是下沉飘球的基本特征。在接下沉飘球时,运动员要在判断来球落点、快速移动取位的同时,用低姿势垫球。

3.接平冲飘球

速度快、弧度平、飘晃平冲追胸是平冲飘球的基本特征。在接平冲飘球时,身体要正对来球,同时将重心升高。此外,运动员还需伸直膝关节,并稍稍跳起,以将击球点保持在腹前。

4.接大力发球

速度快、力量大、旋转力强是大力发球的基本特征。在接大力发球时,运动员既可选择半蹲,也可选择低蹲。对准球后,手臂保持不动,让球自己弹起。如果来球较低,运动员则可以选择翘腕垫球。

5.接跳发球

与大力发球相比,跳发球的速度更快、力量更大、旋转力更强。在接跳发球时,运动员可将半蹲作为准备姿势,而后对准来球,在击球的瞬间收胸、收腹、撤臂,以缓冲来球的力量。

6.接侧发球

以接左侧旋转的侧发球为例,运动员在正对来球后,要将身体移至右侧,同时抬高右臂,以免来球在反弹后向侧偏斜。

7.接高吊球

飞行弧度高、下降速度快、力量较强是高吊球的基本特征。在接高吊球

时,运动员应做到以下几点:

①双臂向前平伸,手臂肌肉适度放松。

②当球落到胸腹间时,垫击,注意击球点的位置(不可过低)。

③无需增加抬臂动作,应使球从前上方自然弹出。

(二)接扣球

接扣球是反攻得分的基础,也是一支队伍从被动走向主动的转折点,有助于鼓舞士气、激发斗志。

在接扣球时,运动员大多会选择"上挡下垫"的姿势。而在垫击低球时,还可通过屈臂、翘腕、铲球等动作进行垫击。

根据来球的不同特征,运动员可选用不同的接扣球方法,具体如下:

1.接轻扣球与吊球

速度较慢、力量偏弱、来球突然,是轻扣球与吊球的基本特征。如果运动员能够预判对方的上述动作,就可以及时跟进,将球垫起;如果运动员未能及时判断,又或者实际跟进速度未能跟上判断速度,那么其可以选择前扑、鱼跃垫球等方式。

2.接快球

速度快、力量大、线路短、落点靠前是快球的基本特征。运动员要想有效防守,首先要做的就是预判进攻路线。

接快球的动作要领具体如下:

①向前取位,降低重心。

②避免身体过度前倾,手臂的位置也不可过低。

③灵活运用单手或双手,上挡下垫。

3.接强攻扣球

当对方强攻时,如果有前排队员拦网,那么防守取位便可适当靠近后场。注意不可过早深蹲,以免影响移动步伐。

4.接拦网触手球

拦网触手球一般会导致原先扣球的方向、线路、落点的改变。因此,在接网边球时,运动员要注意制动,避免因触网或过中线而犯规;而在接触手高球时,则可以跳起单手挡球。

（三）接拦回球

拦回球是指由本方队员进攻,但被拦回的球。随着排球运动员拦网水平的不断提高,拦回球的使用频率明显提高。

拦回球具有速度快、线路短、落点在扣球队员的身后或两侧等特点。在接拦回球时,运动员应注意以下几点:第一,缺位重点在前场;第二,应以半蹲、低蹲为准备姿势;第三,上身保持正直;第四,双手的位置不宜过低,且应置于胸前,以扩大可控制的范围。

运动员在接快速下降的拦回球时,可采取前扑、半跪等姿势,且最好用双手垫球(也可单手)。无论是双手垫球还是单手垫球,都要将手臂伸到球的底部,使之贴近地面,再从上往下击球。

对于位于身体附近且位置较高的拦回球,运动员可用双手或单手将球挡起;而对于来不及用手垫的球,运动员则可用上臂、肘部外侧将球垫起。

需要强调的是,击球动作应包含明显的屈肘、抬臂、翘腕等动作。

（四）接其他球

1.垫二传

当一传来球低且远,导致来不及移动至球下,做上手传球动作时,运动员可进行垫击二传(简称"垫二传")。

正面双手垫球是垫二传的常用方式。在击球前,运动员需降低身体重心,同时面朝垫球方向,将双臂平直地插入球下。而在击球时,运动员则需保持下肢与身体的协调用力,同时向上抬臂,击球的下部。

2.垫入网球

在排球比赛中,经常会出现球因失控飞入网中的情况。因来球速度较快,且入网的部位不同,反弹的方向、角度、速度也都存在差异。

一般来说,落入网上半部分的球,顺网下落的多;落入网中间的球,反弹幅度也不大;只有落在网下半部的球,会比较容易反弹起来。

在垫入网球时,运动员应首先判断入网的方向与落点,而后快速移动至落点的位置。随后,侧身对网,降低身体重心,将手臂插到球下,从低到高地向外垫起。在垫击时,应增大屈肘、翘腕的幅度。

第四节　传球技术教学

传球指的是借助手指与手腕的弹力、全身的协调性,将球传至特定位置的击球动作。在传球的一瞬间,运动员可借助手腕动作,灵活地改变传球的方向、线路、落点等。

一、传球技术的动作方法

根据传球的方向,可将传球动作划分为正面传球、背传、侧传、跳传等。

（一）正面传球

正面传球是指面对出球方向的传球动作,是最基本的传球方式,也是其他传球动作的基础。

1.动作方法

正面传球的动作要领具体如下:
①以稍蹲为准备姿势。
②抬头看球,双手自然抬起,置于面前。
③当来球靠近额头时,蹬地,伸膝,伸臂。
④双手微微张开,经面前向前上方迎球,击球点大约在距额前一球的位置。
⑤双手张开成两个半球形,手腕后仰,拇指相对,成"一"字或"八"字。
⑥双手保持一定距离,用拇指与食指的全部、中指的第二指节与第三指节触球的中下部,再用无名指、小指在球的两侧,辅助控制传球方向。
⑦双肘分开,双臂前臂成90°。
⑧在传球时,手指、手腕要保持适度紧张。

2.技术分析

对正面传球的技术分析具体如下:
第一,因击球点较高,故而采用稍蹲姿势更加有利于快速移动。
第二,将击球点定在与额前上方距离一球的位置,一方面是为了便于观察来球,另一方面也是为了便于伸臂击球,从而控制传球的准确性。如果击球点过高,会影响手臂的传球推送;如果击球点过低,则会限制传球手臂的伸展用力,进而降低传球的准确性。

第三,拇指相对,成"一"字或"八"字,有利于使手型与球体相贴合,进而增大触球面积,使球更加容易受到控制。这不仅能够增强传球的准确性,还能够更为有效地缓冲来球力量。

第四,传球所需的力量是多元化的,不仅包括伸腿蹬地的力量,还包括伸臂的力量、手指与手腕的力量等。因此,运动员要学会根据来球的具体情况,运用不同的力量击球。

（二）背传

"背传"即背对传球目标的传球动作。在排球比赛中,背传的主要作用在于通过改变传球的方向与路线,来达到混淆对方视线的目的。

1.动作方法

背传的动作要领具体如下:
①身体背对传球目标。
②上身保持正直(也可微微后仰),将身体重心置于双脚之间。
③双手抬起,自然地置于面前。
④迎球时,抬起上臂,挺胸,上身后仰。
⑤将击球点置于额上方,位置比正面传球时略高且略靠后。
⑥触球时,手腕后仰,适当放松,掌心朝上,击球的下部。
⑦背传时要用力,要借助蹬地、展腹、抬臂时的弹力,将球向后上方传出。

2.技术分析

背传的技术分析具体如下:
第一,在传球前,保持上身的正直,是为了在蹬地、抬臂时向后用力,以便于将球向后传出。
第二,将击球点落在额上方,且要比正面传球时的位置更高、更靠后,是为了更好地向后用力。

（三）侧传

所谓"侧传",是指身体侧对传球目标,而后朝体侧方向将球传出的动作。二传队员在背对球网时,通常都会选择侧传。这是因为,对方球员一般难以看清二传侧传的出球路线,故而难以判断方向,这也使侧传表现出较强的隐蔽性。

1.动作方法

侧传的准备姿势、手型、迎球动作均与正面传球无甚差异。不过,侧传的击球点一般会更偏向于传球目标,且上身、手臂会朝着传球方向伸展。位于传球方向异侧的手臂,在动作幅度与速度、用力距离等方面,均要强于传球方向的同侧手臂。

2.技术分析

侧传的技术分析具体如下:
第一,让击球点偏向传球方的一侧,是为了便于朝该方向侧向传球。
第二,上身、手臂均向传球方向伸展,是为了更好地朝侧向发力,同时保持正确的手型。

（四）跳传

跳传是指运动员在跳起后,在空中进行单手或双手传球的动作。跳传的作用主要包括以下两点:第一,击球点较高,有利于缩短传球与扣球之间的间隔,从而加快快攻的速度;第二,与二传手的二次进攻结合在一起后,有利于增加二传的迷惑性。

当前,有很多高水平的排球运动员都已将跳传用作二传的主要方式,跳传在排球比赛中也得到了大规模的运用。

1.动作方法

运动员在跳传时,应注意以下两点:
第一,无论是选择原地起跳,还是助跑起跳,都要向上垂直起跳,且要尽力维持身体平衡。
第二,当身体升至最高点时,运动员应迅速伸臂,同时依靠手指、手腕的弹力,将球传出。

2.技术分析

跳传的技术分析具体如下:
第一,跳传时的起跳应是垂直向上的,这是为了保持身体平衡,从而减轻对传球准确性的不利影响。
第二,在身体升至最高点时触球,是为了拥有足够的时间迎球、击球、送球,以免出现击球乏力、动作不协调等现象。

第三,在跳传时,应加大伸臂的幅度与速度,这是因为身体在跳传时是缺乏支撑点的,故而无法依靠蹬地的力量。

二、传球时的易犯错误与纠正方法

(一)正面传球

在正面传球时,运动员常犯的错误及对应的纠正方法主要包括以下几种:

第一,手型错误,未形成半球状。纠正方法:进行"一抛一接"的轻实心球练习,接球后,检查自己的手型。

第二,击球点过高或过于靠前。纠正方法:击球点过高时,做平传练习;击球点过于靠前时,做自传练习。

第三,传球时,臀部后坐,导致蹬地乏力。纠正方法:一人手压球,传球队员做传球模仿练习。

第四,传球时,上身后仰。纠正方法:两人对传,一旦传出球后,双手立即触地。

第五,传球时,出现推压、拍打等动作。纠正方法:加强原地自传、对墙传球等练习,以充分体会触球时的感觉。

(二)背传

在背传时,运动员容易出现翻腕幅度过大、身体过于后仰等错误。纠正方法:在自传中,练习穿插背传;在距墙大约3米的位置,做近距离背传过网练习。

(三)侧传

在侧转时,运动员容易出现身体侧倒幅度太大的错误。纠正方法:进行三人三角传球练习。

(四)跳传

在跳传时,运动员容易出现起跳过早或过晚的错误。纠正方法:进行跳起接抛球练习,以充分体会在空中的时间。

第五节 扣球技术教学

扣球指的是运动员跳起后,在空中将高于球网上沿的球击入对方区域的击球方法,这也是排球运动攻击力的最主要的体现。良好的扣球效果,不仅能够彰显队伍的战术质量,也有利于鼓舞士气。

一、扣球技术的动作方法

(一)正面扣球

正面扣球是一种最基本的扣球方式,这是因为其具备以下优势:第一,面向球网,有利于观察来球和对方的战略布局,能够有效提高击球的准确性;第二,灵活的挥臂动作有助于运动员根据对方的拦网、防守情况,及时调整扣球路线,合理控制击球落点。

下面以正面扣一般高球为例,对正面扣球进行动作方法介绍和技术分析。

1.动作方法

正面扣球的动作要领可大致分为以下几个步骤:

(1)扣球助跑前

稍蹲,双臂自然下垂;站在距离球网 3 米的位置,准备朝各个方向助跑起跳。

(2)助跑时

左脚向前迈一步,右脚跨出一大步;左脚并上,踏在右脚之前;双脚脚尖稍向内转,准备起跳。

(3)助跑跨出最后一步时

双臂绕体侧后引;左脚踏地制动,双臂从后往前积极摆动;双腿蹬地,向上起跳;双臂上摆,配合起跳;双腿从弯曲制动的最低点猛地蹬地,向上起跳。

(4)跳起后

挺胸,展腹,上身稍向右转;右臂朝后上方抬起,身体呈弓形。

（5）挥臂时

快速转体，收腹，借此发力；肩、肘、腕等各个部位，依次朝前上方做鞭打动作。

（6）击球时

五指微张，状若勺子；全手掌包住球；以掌心为击球中心，击球的中部；屈腕，向前推压，使扣出的球加速前旋。

（7）落地时

前脚掌着地，屈膝收腹，以缓冲下落时的力量。

2.技术分析

正面扣球的技术分析具体如下：

第一，助跑是为了选择最佳的起跳地点，以增加弹跳高度。

第二，起跳既是为了获得高度，也是为了选择最佳的击球位置。

第三，身体在起跳后成反弓形，是为了便于在击球时与上肢做相向运动，以加大挥臂速度。

第四，击球时，腰腹发力，上肢做鞭打动作，有利于将全身的力量都集中在手上，从而大大增强击球时的力量。

第五，在挥臂初期屈臂，是为了提高肩部转动的角速度，而后伸肘，则是为了提高击球手在挥臂时的线速度。

第六，将击球点定在跳起最高点、手臂伸直最高点的前上方，有利于充分利用空间、扩大进攻范围。

（二）单脚起跳扣球

单脚起跳扣球是指运动员在助跑时，当一只脚落地后，另一只脚不再向前踏地，而是直接向上摆动，以帮助起跳的扣球方法。在单脚起跳时，运动员的下蹲程度往往较浅，故而无需明显的制动，速度会比双脚起跳更快。因此，当运动员来不及双脚起跳时，也可通过单脚起跳的方式扣球。

1.动作方法

单脚起跳扣球的动作要领具体如下：

①与球网成小夹角，进行一步、两步或多步的助跑。

②助跑后，左脚跨出一大步，上身后倾。

③右腿向前上方摆动，左脚迅速蹬地起跳，双臂配合摆动。

2.技术分析

单脚起跳扣球的技术分析如下：

第一，助跑路线与网成小夹角，是为了避免因前冲力过大，而造成触网、过中线等犯规行为。

第二，在起跳时，右腿摆动的作用与摆臂的作用基本相似，都是为了增大左脚蹬地时的力量，以提升弹跳高度。

（三）双脚冲跳扣球

双脚冲跳扣球是指运动员在助跑后，向前上方起跳，并在空中发生一段位移，同时在空中移动的过程中完成击球动作的扣球方法，常用于后排进攻、"空间差"进攻等。

1.动作方法

双脚冲跳扣球的动作要领具体如下：
①两步助跑，且第二步的步幅要小于一般正面扣球的第二步。
②在踏跳时，双脚向后下方蹬地，身体向前上方腾起。
③在空中抬头、挺胸、展腹，形成背弓。
④在击球时，快速收腹、挥臂，用手腕推压，击球的中后部。

2.技术分析

双脚冲跳扣球的技术分析具体如下：

第一，助跑的第二步步幅稍小，是为了避免身体后仰，从而减小制动力，更利于双脚向后下方蹬地。

第二，双脚向后下方蹬地，是为了使身体获得来自前上方的速度，确保运动员既能跳起，又能向前飞行。

二、扣球技术的运用

（一）扣近网球

扣近网球指的是距离球网大约 50 厘米的扣球。在扣近网球时，运动员要做到以下几点：

第一，垂直起跳，以免因前冲力过大而造成犯规。

第二，在跳起后，要利用收胸动作发力。以肩为轴，向前上方挥臂，用全手掌击球的中上部。

第三，击球后，手臂顺势收回，以防手触网。

虽然扣近网球的击球点高，路线变化多，且威力较大，但由于其易被拦网，近年来，其在高水平比赛中的出现频率逐渐降低。

（二）扣远网球

扣远网球指的是在距离球网2米以外的位置的扣球。在扣远网球时，运动员要将击球点保持在右肩前上方的最高点，而后用全手掌击球的中部。在击球瞬间，运动员的手腕应有明显的推压动作，以使球前旋飞出。

由于扣远网球具有扣球力量大、角度较平、对方不易拦网等优势，已逐渐成为进攻的常用手段之一。

（三）扣调整球

扣调整球指的是扣从后场调整到网前的球。扣调整球要求运动员能够适应来自后场的、方向不同、角度不同、弧度不同、速度不同、落点不同的球，并能够凭借灵活的步法与动作，及时调整人、球、网之间的关系，是一种难度较大的扣球方法。

在扣调整球的过程中，运动员往往需要助跑。对于小角度的二传来球，可后撤斜向助跑；对于大角度的二传来球，可外绕助跑。

（四）扣快球

扣快球指的是扣球队员在二传队员传球时起跳，以将球扣入对方场区的扣球方法。扣快球不仅速度快、时间短，而且突发性强、牵制明显，能够在时间、空间上掌握主动权。

扣快球的具体方式有很多，如扣近体快球、扣背快球、扣短平快球等。无论选择哪种扣球方式，运动员都应注意以下几点：

①助跑要轻松、灵活、有节奏。

②起跳时，下蹲要浅，以便快速起跳。

③击球时，上身动作与挥臂动作的幅度要小。

④要加强与二传的配合。

三、扣球时的易犯错误与纠正方法

排球运动员在扣球时,易犯的错误及相应的纠正方法具体如下:

第一,助跑时,起跳时间不准。纠正方法:助跑开始时,由教练员轻拍扣球者的背部,或提前商量好信号。

第二,起跳前冲,击球点靠后。纠正方法:先助跑,再跨大步,在网前起跳,接抛球。

第三,击球时,手臂下压。纠正方法:在距墙 2 米的位置,用中等力量连续扣反弹球。

第四,屈肘击球时,击球点偏低。纠正方法:连续甩臂后,击高度适中的树叶。

第五,手包不住球。纠正方法:将球固定在某一高度上,反复挥臂击球。

第六节　拦网技术教学

拦网是指排球运动员靠近球网,将手伸到高于球网的位置,以拦截对方来球的行为。拦网既是防守的第一道防线,也是反攻的关键环节,其具有强烈的攻击性,能够直接拦回对方的扣球。对一支球队来说,拦网水平的高低将直接关系到比赛的结果。

一、拦网技术的动作方法

以参与拦网的人数为依据,可将拦网分为单人拦网、集体拦网两种类型。下面将重点介绍单人拦网。

（一）动作要领

单人拦网的动作要领具体如下:

第一,面对球网,双脚左右开立,与肩同宽。

第二,在距网 30～40 厘米的位置,双膝微屈,双臂置于胸前,自然屈肘。

第三,原地起跳时,降低身体重心,弯曲膝盖,身体向上起跳,而后通过并步、交叉步、跑步等方式进行移动。

第四,移动拦网制动时,脚尖转向网,手臂摆动,协助起跳。

第五,拦网时,双手从额前向网上伸出,手臂平行,肩部上提,双臂尽力过网,双手接近球,自然张开。

第六,触球时,双手突然紧张,用力屈腕,主动"盖帽"。

（二）技术分析

单人拦网的技术分析具体如下：

第一,以半蹲为准备姿势,有利于向两侧移动、起跳。

第二,将双臂置于胸前,屈肘,有利于快速伸臂。

第三,站在距离球网 30～40 厘米的位置,既能避免触网（因距离太近）,又能避免漏球（因距离太远）。

第四,在各类移动步法中,并步适用于近距离移动,交叉步适用于中远距离移动,跑步适用于远距离移动。

第五,拦网击球时,双臂伸直,双手之间的距离不能过大,也不能过小。

二、拦网技术的运用

（一）拦强攻球

强攻的特点是击球点高、力量大、扣球线路多。要想拦强攻球,运动员就要集体拦网,同时要晚起跳,以尽可能地增大阻击面。

（二）拦快球

1.拦近体快球

快球的特点是速度快、弧线低、不易变线。扣快球的击球点距网近、速度快,较难集体拦网,大多选择单人拦网。拦网时,起跳、伸臂等动作都要快。

2.拦平快球

平快球速度快、弧度低,同样不易集体拦网。拦网时,球会顺着网,以低平弧度飞行,这会给拦网判断增加难度。因此,在拦网时要"人球兼顾",准确判断扣球队员的助跑路线、起跳时机等。

3.拦"三差"扣球

运动员在拦"三差"(时间差、位置差、空间差)扣球之前,首先要了解扣球队员的技术习惯,这样才能果断且准确地拦击。

在进行时间差、位置差进攻之前,运动员往往需要自我掩护,具体方式包括以下几种:①改变正常节奏;②提前助跑;③佯跳时,保持较高的身体姿势。

三、拦网时的易犯错误与纠正方法

运动员在拦网时常犯的错误与相应的纠正方法具体如下:

第一,起跳过早。纠正方法:起跳前,深蹲慢跳。

第二,手下压触网。纠正方法:结合低网,提肩屈腕,把球拦下。

第三,拦网时,低头闭眼。纠正方法:从隔网拦对方抛来的球,过渡到拦轻扣球。

第四,拦网时,身体前扑触网。纠正方法:加强顺网移动起跳练习。

第三章　排球战术教学

排球战术是指在排球比赛中,运动员借助排球技术所采取的一系列行动,其以获得比赛的胜利为目的。本章将首先阐述排球运动中蕴含的战术意识,而后介绍排球战术教学包含的准备环节,最后分别对排球个人战术教学、排球集体战术教学展开研究。

第一节　排球运动中的战术意识

从本质上看,战术意识属于一项自觉的心理活动,其形成于第二信号系统。相应的思维活动则大多基于激烈的对抗,与运动员的情绪、意志息息相关。是否拥有深刻的战术意识,能够在一定程度上反映出运动员的成熟与否。

排球比赛中的战术意识主要表现为以下几点:第一,在运用技术时,带有一定目的且用以支配自身行动的心理活动;第二,在选择战术时,表现出的才能与经验;第三,在比赛过程中所具备的应变能力、判断能力等。

本节将首先介绍战术意识体现出的内容,而后探讨对运动员来说,应当如何培养战术意识这一问题。

一、战术意识的内容

(一)技术的目的性

运动员在运用每一项排球技术时,都应抱有一定的战术目的。只有当目的足够明确时,对战术的选择才能更加有的放矢。

（二）行动的预见性

在排球赛场上，激烈的对抗、瞬息万变的战局都要求运动员做到"知己知彼，预知未来"，即根据当前的局势，找出对方的规律与不足，进而对对方的下一步行动作出预判，并及时采取相应的对策。

（三）判断的准确性

对运动员来说，是否具备准确的判断能力，将直接关系到其能否合理运用技战术。而要想提高判断的准确性，运动员就必须学会纵观全局，并最大限度地争取赛场上的主动权。

（四）进攻的主动性

排球比赛的局势风云莫测，运动员要想全程占领优势，就必须强化进攻意识，抓住一切机会进行积极进攻。

（五）防守的积极性

防守是进攻的基础，运动员要想积极进攻，首先要做的就是积极防守、接好来球。无论是进攻还是防守，一切战术的选择都应带有主动性与积极性。

（六）战术的灵活性

一切战术的选择与运用都应做到随机应变、因势利导，只有这样，才能使对方球员防不胜防，己方也才更容易获得优势。

（七）动作的隐蔽性

假动作、隐蔽动作是隐蔽性的最常见的表现形式。假动作的主要目的在于诱使对方球员上当；隐蔽动作的主要目的则是使对方无法摸清自身的战术意图，从而达到"出其不意"的效果。

（八）配合的集体性

集体性是排球运动的基本特征之一，任何战术的运用都应以集体为中心。因此，一支球队的全体成员都应学会通力合作，不仅要灵活运用个人技战术，还要加强集体配合，以更好地发挥集体战术的作用。

二、战术意识的培养

战术意识的培养不是一蹴而就的。要想培养并强化运动员的战术意识，教练员就应做到以下几点：

第一，将培养战术意识纳入训练计划中，并开展系统、严格的训练。

第二，对排球技术的熟练掌握是培养战术意识的基础，运动员必须努力练习基本功。

第三，在进行技战术训练时，要做到目标明确、方法正确，并从始至终贯彻战术意识。

第四，在保持基本技术训练的同时，尽量争取参加比赛的机会，以便从比赛实践中积累经验、增强战术意识。

第五，加强无球技术训练，争取达到"球到，人到"的境界，这对战术意识的增强具有十分重要的意义。

第六，加强对理论知识的学习，深化运动员对排球运动（包括发展态势、比赛规则、比赛规律等）的认识。

第七，通过赛前观察或赛后总结，分析对方的技战术，做到知己知彼。

第八，在日常训练中加强"视野训练"，使运动员能够更好地对比赛的临场情况进行判断，以快速而准确地采取技战术行动。

第二节　排球战术教学的准备环节

在正式开始有关排球战术的教学之前，运动员应首先做好准备工作，为排球战术的科学运用奠定基础。对排球战术教学的准备，主要包括阵容配备、位置交换、信号联系、"自由人"的运用等环节。

一、阵容配备教学

阵容配备是指对场上运动员的技术力量进行合理安排的组织形式。本节将首先介绍阵容配备的主要形式，而后分析不同队员的职责与特点，最后阐述阵容配备的注意事项。

（一）阵容配备的主要形式

1."四二"配备

"四二"配备是指 4 名进攻队员（主攻、副攻各 2 名）、2 名二传队员的配备方式（如图 3-1 所示）。

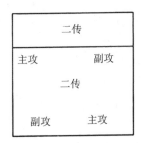

图 3-1 "四二"配备示意图

"四二"配备的优点是无论阵型如何变换，都能保证前后排有 2 名进攻队员、1 名二传队员，来给对方的拦网、防守造成阻碍。不过，为保证进攻的效果，这种配备方式往往会对二传队员的进攻能力、拦网能力提出较高要求。

2."五一"配备

"五一"配备是指 5 名进攻队员、1 名二传队员的配备方式（如图 3-2 所示）。这种方式有利于增强拦网、进攻的力量，且只要队内成员能够适应二传队员的打法，就可以快速建立默契、统一战术意图。

图 3-2 "五一"配备示意图

不过，在进行"五一"配备时，运动员要重视对战术变化（如吊球、后排扣球等）的利用，以达到突袭对方的目的。

3."三三"配备

"三三"配备是指 3 名进攻队员、3 名二传队员(两类队员间隔而站)的配备方式。这种配备方式适用于初学者队伍,其能够保证在每一轮次的前排都有 1~2 名进攻队员和二传队员。不过,与其他方式相比,"三三"配置的进攻能力明显偏弱。

(二)不同队员的职责与特点

1.主攻队员

在排球比赛中,主攻队员主要承担着以下职责:

第一,攻坚。

第二,进行远网、后排及调整扣球进攻。

第三,冲破对方的集体拦网。

以上职责对主攻队员在高度、力量等方面的能力提出了较高的要求。

2.副攻队员

在排球比赛中,副攻队员主要承担着以下职责:

第一,通过多变的方式,冲破对方的拦网。

第二,负责中间与两侧的拦网。

第三,通过跑动掩护,为其他队员创造进攻的机会。

以上职责对副攻队员的体能、技术水平要求较高。

3.二传队员

二传队员作为战术进攻的核心,其在排球比赛中主要发挥着以下作用:

第一,合理安排战术进攻。

第二,在落实进攻意图的同时,根据场上情况随机应变。

第三,团结队伍,鼓舞士气。

(三)阵容配备的注意事项

在对排球运动员进行阵容配备时,教练员应充分考虑以下问题:

第一,以全队队员的技战术水平、体能状况、配合意识、临场经验等因素为依据。

第二,应选出数位技术全面、能攻善守的运动员,由其构成主力阵容及对应位置的后备成员。

第三,基于队伍的实际情况,做到扬长避短,确保"人尽其用"。

第四,对进攻队员与二传队员进行合理搭配,重视队员之间的默契度,以更好地组织战术进攻。

第五,为避免出现拦网、一传、防守等方面的漏洞,应根据队员的身高与技术水平,合理安排其前后、左右的位置。

二、位置交换

进行位置交换,主要是为了弥补队员在体能、技术等方面的缺陷,从而更好地发挥每一名队员的优势。

位置交换应在规则允许的前提下进行。具体来讲,应遵循以下原则:

第一,在发球、击球前,应先按规则进行站位,以免因"位置错误"的问题而犯规。

第二,在接发球时,为避免造成接发球的失误,运动员应先准备接起对方的发球,再考虑换位问题。

第三,在换位的整个过程中,都要保持对己方、对方队员动态的关注。

第四,一旦球被判为"死球",就要即刻返回原位(尤其当对方掌握发球权时),以做好接发球的准备。

第五,发球队员只要击球,就要换位,以免耽误对下个动作的准备。

三、信号联系

排球运动是一个集体项目。对排球运动员而言,彼此之间的配合与默契是十分重要的。在运用复杂多样的进攻战术时,队伍内部的各位成员必须建立起统一的信号联系,才能保证行动的科学性。在运用排球战术的过程中,信号联系发挥着至关重要的作用,其能够保证进攻战术的变化。

对信号联系的确定无需遵循固定标准,一般由队伍中的教练员、运动员共同协商而成,只需保证内部统一即可。不过,为便于运用,对信号的选择最好能够做到精练、明了。

在信号联系中,常用的信号类型包括以下几种:

(一)语言信号

在排球比赛中,借助语言直接进行联系是最为便捷的。

语言信号一般包括两种形式:一是文字,如"快""高""溜"等;二是代号,即用1、2、3等数字来指代战术。

不过,语言信号容易泄露运动员的战术意图。面对这种情况,运动员可将真信号、假信号掺杂在一起使用。比如,嘴上说着"快",实际上打慢球。

(二)手势信号

教练员与运动员可提前商量好不同的手势代表哪些含义,以便运动员在比赛过程中及时运用手势,进行战术配合。

在排球比赛中,一般会由以下几类队员发出手势信号:

1.二传队员

作为进攻行为的主要组织者,二传队员发出手势信号,最有利于统一指挥。

2.发动快攻的队员

由负责发动快攻的队员发出手势信号,主要是为了便于传递"打何种快球"的信息,这也是为了更好地发挥其主动性。

3.打活点进攻的队员

在运用掩护战术时,负责打活点进攻的队员可提前发出手势信号,表明自己准备打什么球。

4.快攻队员与二传队员相结合

由快攻队员首先发出手势信号,再由二传队员接着发出手势信号。比如,快攻队员先作出"短平快"手势,随后,二传队员可据此作出"平拉开"手势,这样能够更加高效地提醒其他队员。

(三)落点信号

所谓"落点信号",其本质上就是起球后的落点,但在发起战术进攻时,又能发挥信号的作用。

落点信号具有较强的灵活性,但同时也较为随机。运动员需具备根据临场情况,快速发起战术进攻的能力。针对一传不到位的突发状况,运动员更需提前想好对策。

（四）综合信号

综合信号即对上述各类信号的汇总。在一般情况下,综合信号会以手势信号为核心,以语言信号、落点信号为辅助。如有必要,教练员的暗示、肢体动作亦可发挥信号的作用。

四、"自由人"的运用

对"自由人"的运用,常见于排球战术。

"自由人"的职责主要包括接发球、后排防守等,其在上下场之间,只需经历一次发球过程。对"自由人"的换人,不会被算入正式的换人次数。

让具备较高接发球、后排防守水平的队员承担起"自由人"的职责,有利于提高整支队伍的防守水平。而当负责前排进攻、拦网的队员的体力有所下降,且必须稍作休息时,"自由人"亦可替换上场。由此可见,如果能够合理运用"自由人",排球战术的发挥将产生事半功倍的效果。

第三节　排球个人战术教学

个人战术是指运动员根据赛场上的临时情况,有目的、有针对性地运用个人技术动作的操作,能够有效弥补集体战术的不足之处。本节将分别对不同环节的个人战术展开介绍。

一、发球个人战术

作为排球运动中唯一一项不受他人制约的技术,发球技术具有一定的独立性,而发球战术则主要是为了破坏对方的一传,为己方的反击创造条件。在排球比赛中,运动员可根据对方的接发球水平,采用不同的发球个人战术,具体包括以下几种:

（一）性能不同

1.攻击性发球

在保证发球准确性的前提下,尽可能地进行速度快、力量大、弧度平的攻击性发球,如跳发球等。

2.飘球

根据发球位置的差异,有意识、有目的地发出不同性能(轻、重、平冲、下沉等)的飘球。

(二)落点控制

1.找薄弱区域的发球

将球发至对方的前区、后区,以及两名队员之间的连接区、三角地带等,以增加对方接发球的难度。

2.找人发球

既可将球发给一传能力差、容易连续失误、刚被换上场的队员,也可将球发给快攻队员或二传队员,以增加对方战术进攻的难度。

(三)节奏变化

1.快节奏

在比赛过程中,突然加快发球的节奏,有利于打乱对方的节奏,使对方猝不及防,进而造成失误。

2.慢节奏

在比赛过程中,有意识地放慢发球的节奏(如发高吊球),有利于利用球体的下落速度变化,打破对方对接发球的适应性。

(四)线路变化

1.长短线结合的发球

运动员应根据对方的站位情况,选择性地发出长线球或短线球,以牵制住对方,从而掌握主动权。

2.直斜线结合的发球

运动员可充分利用发球区(宽度约为9米),通过"站直发斜"或"站斜发直"的方式,对对方进行突袭。

（五）根据临场情况采取不同的发球方式

当运动员面临得分困难、比分落后较多等情况时,可选择攻击性发球。而当本方连续发球失误,或对方因暂停换人而处于进攻弱轮次时,运动员则需对发球的准确性加以重视,最大限度地减少失误。

二、二传个人战术

二传个人战术旨在利用空间、时间、动作等方面的变化,对进攻战术加以组织,为扣球队员创造有利的条件,其主要包括以下几种方式:

（一）隐蔽传球

隐蔽传球的关键在于由二传队员以尽可能相似的动作,传出不同方向的球,以混淆对方对传球方向的判断。

（二）晃传和两次球

二传队员既可以先通过扣球吸引对方拦网队员的注意力,而后"改扣为传";也可以先用传球动作误导对方,再突然地"改传为扣"。

（三）"时间差"跳传

二传队员在跳传时,最好能够改变常规传球的时间,通过"延缓传球"的方式,将球传给快攻队员,以使对方拦网队员对时间造成误判。

（四）高点二传

二传队员在跳起的最高点直臂传球,有利于提高击球点、加快进攻速度。

（五）选择突破口

运动员可根据对方的拦网部署,在传球过程中尽量避开那些拦网力量较强的区域,将薄弱区域作为突破口,以获得"以强攻弱"的优势。

（六）控制比赛节奏

当对方失误较为频繁、赛场局面相对混乱时,运动员可选择快攻,以加快比赛节奏。而在本队失误较为频繁的情况下,则应当适当放慢比赛节奏,并及时调整战术。

三、扣球个人战术

扣球个人战术表现为负责扣球的运动员基于对方在比赛过程中的拦网、防守等情况,选择合适的扣球方式与路线,以突破对方防守的行为,其核心要点主要包括以下几点:

（一）路线变化

在扣球时,运动员应借助转体、转腕等动作,扣出直线、小斜线等,以避开对方的拦网。

（二）轻重变化

运动员在扣球时,可根据实际需要,将"重扣强行突破"与"轻扣打点"科学地结合起来。

（三）超手和打手

运动员可借助自身的弹跳力,运用超手扣球技术,从拦网队员的手上实现突破。此外,运动员也可以运用平扣、侧旋扣、推打等手法,使拦网队员被打手出界。

（四）打吊结合

当对方的拦网较为严密时,运动员可先假装大力扣杀,而后突然由扣变吊,使球吊入对方空当。

（五）左、右手扣球

运动员可借助异侧手进行辅助进攻,以完成"左右开弓"的扣球,从而更好地增大击球面、增强隐蔽性。

四、拦网个人战术

拦网个人战术的本质属于攻击行动,主要是依靠起跳时机、拦网高度与拦击面、手型动作的变化等因素实现的。

(一)假动作

拦网队员可利用一系列假动作(如站直拦斜、正拦侧堵等)来迷惑对方,以增强拦网的效果。

(二)变换手型

拦网队员在起跳后,可根据进攻队员的动作变化,对拦网时的手型作出改变,以及时拦击对方。

(三)撤手

当运动员意识到对方有意打手出界或平扣球时,其应及时在空中将手撤回,以使对方扣球出界。

(四)"踮跳"拦网

对于具有身高优势或弹跳力较强的运动员,其要想拦击住对方多变的扣球,可以先通过踮跳,拦第一点的快攻球,再迅速起跳,拦第二点的进攻球。

(五)前伸拦网与直臂拦网

在拦击对方的中、近网扣球时,运动员应尽可能地将手臂前伸,使之能够接近球,以封堵进攻路线。而当对方进行远网扣球时,运动员则应直臂拦击,以增大拦网面。

(六)单脚起跳拦网

运动员可基于单脚起跳快、空中飞行距离长的优势,弥补因双脚起跳不及时而错过的拦网。不过,在此过程中,运动员应对空中飞拦的距离加以控制,以免冲撞到己方其他队员。

五、防守个人战术

防守个人战术要求防守队员选择有利位置,选用最为恰当的击球动作,既要"勇猛摔救",也要勤于思考。具体来讲,防守队员应做到以下几点:

(一)判断进攻点,合理取位

运动员应根据二传球的方向与落点,及时作出判断,并迅速取位。

如果来球距球网较近,己方来不及拦网,那么防守取位可相对靠前,以实现封堵;如果来球距球网较远,那么防守取位就可以略微靠后。

(二)"有利面"放宽

运动员在取位时,可适当放宽自身最擅长防守的一面。比如,如果自身的右侧面防守较强,那么就可以适当放宽该区域,以扩大防守面。

(三)针对性防守

运动员可根据对方的进攻特点,选择相应的防守行动。比如,当对方只打不吊时,取位应相对靠后;当对方打打吊吊时,取位应更加灵活;如果进攻只有斜线,那么就要"放直防斜",等等。

(四)拦防配合

运动员应根据前排拦网队员的做法,作出主动的配合与弥补,如进行"拦斜防直"等。

(五)上、下肢并用

运动员可充分利用上、下肢的协调性,进行配合防守。比如,当选用高姿势防守时,可由上肢负责腰部以上的来球,由下肢负责腰部以下的来球。

第四节　排球集体战术教学

一、集体进攻战术教学

集体战术是指发生在至少两名运动员之间的,有组织、有目的的协同配合行为。集体进攻战术的变化均需建立在进攻阵型、进攻打法的基础上。

(一)进攻阵型

进攻阵型即运动员在进攻时所选择的基本队形。在排球运动中,常用的进攻阵型主要包括以下几种:

1.“中一二”进攻阵型及其变化

“中一二”进攻阵型是指由前排一名队员在 3 号位担任二传,其他两名队员分别在 2 号位、4 号位进攻的阵型。作为一种最基本的阵型,“中一二”因要求二传队员位于中间,故而一传更容易到位。

“中一二”进攻阵型的常用站位包括以下几种:

(1)“大三角”站位

如图 3-3 所示,“大三角”是一种最常用的站位方法,其以 2 号位、4 号位的进攻为主,同时辅以后排进攻。

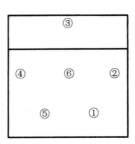

图 3-3　“大三角”站位

(2)“小二三角”站位

如图 3-4 所示,4 号位的队员位置不变,2 号位的队员站在中场接发球,3 号位的二传队员站在 2 号位与 4 号位之间的网前。该站位常被视作“隐蔽站位"，即 1 号位的队员可在 2 号位进行佯攻，2 号位的队员则可以从中路进攻。总之，该站位有利于进行交叉换位进攻。

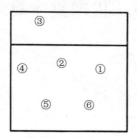

图 3-4 "小二三角"站位

如果 2 号位的队员左手扣球得力，那么其也可以在场区右侧站成"小三角"（如图 3-5 所示），即 2 号位的队员保持不变，4 号位的队员中场接发球，3 号位的二传队员站在 2 号位与 4 号位之间的网前进行二传，5 号位的队员在 4 号位进行佯攻。

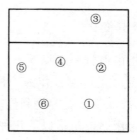

图 3-5 "小三角"站位

（3）换位成"中一二"

如图 3-6 所示，当二传队员位于 4 号位或 2 号位时，其可以换位成"中一二"阵型。

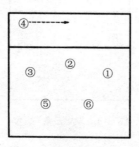

图 3-6 换位成"中一二"

（4）"假插上"成"中一二"

如图 3-7 所示，3 号位队员可在 4 号位的右后方，做"假插上"。

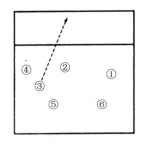

图 3-7 "假插上"成"中一二"

2."边一二"进攻阵型及其变化

"边一二"进攻阵型是指一名队员在前排 2 号位做二传,其他两名前排队员参与进攻的阵型。该阵型要求二传队员位于边上,且对一传的要求相对较高。其站位主要包括以下几种:

(1)"边一二"阵型

如图 3-8 所示,2 号位的队员站在网前担任二传,3 号位、4 号位的队员参与前排进攻,其他队员参与后排进攻。

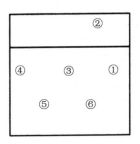

图 3-8 "边一二"阵型

(2)反"边一二"阵型

如图 3-9 所示,前排一名队员在网前 4 号位做二传,其他队员参与进攻。该阵型适用于 2 号位、3 号位的队员采用左手扣球的情况。

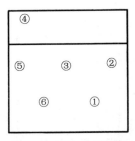

图 3-9 "边一二"阵型

（3）换位成"边一二"

如图 3-10 所示,运动员可采用反"边一二"换位成"边一二"的阵型。

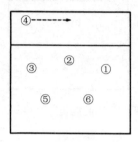

图 3-10　换位成"边一二"

（4）"假插上"成"边一二"

如图 3-11 所示,3 号位的队员在 4 号位的队员的右后侧做假"插上",形成"边一二"阵型。1 号位的队员佯攻掩护,其他队员参与进攻。

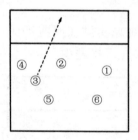

图 3-11　"假插上"成"边一二"

3."插上"进攻阵型及其变化

"插上"进攻阵型是指后排队员插到前排做二传,前排三名队员进行扣球的阵型。由于后排的"插上",前排可保持三点进攻,因此,该阵型得到广泛的应用。

"插上"进攻阵型包含三种基本站位,即 1 号位插上、6 号位插上、5 号位插上,如图 3-12 所示。

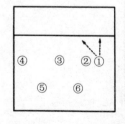 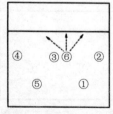 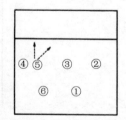

图 3-12　"插上"进攻阵型的基本站位

在运用"插上"进攻阵型时,运动员应注意以下几点:

第一,为避免影响其他队员接发球,"插上"队员最好站在同列队员的侧后方,以缩短跑动路线。

第二,"插上"既要及时(即应在对方发球、击球后,就立即"插上"),又不可过早,以免造成位置错误。

第三,在"插上"进攻阵型中,前排队员均需具备较强的进攻能力,尤其是跑动进攻能力。

第四,负责"插上"的二传队员应掌握熟练的传球技术。

第五,技术水平较高的接发球一传是基本保障。

第六,"插上"队员在"插上"时,应做好接一传的准备,以免对方球员在发球时破坏"插上"。

第七,在反攻过程中,运动员应加强情况判断,并及时做行进间"插上",以保证前排的多点进攻。

(二)进攻打法

进攻打法表现为发生在二传队员与扣球队员之间的各项配合。任何一种进攻阵型都包含多种进攻打法,可达到避开拦网、突破防线等目的。

1.强攻

强攻是指在己方缺少掩护的情况下,依靠个人力量、运用有效技巧强行突破对方拦网、防守的行为,主要包括以下几种方式:

(1)集中进攻

集中进攻一般指的是进攻队员在4号位或2号位扣二传队员传到靠近3号位的高球进攻,有时也会在3号位扣一般高球。集中进攻容易被拦,但打法相对易于掌握,适用于水平较低的队伍。

(2)拉开进攻

拉开进攻是指二传队员在将球传到标志杆的附近后,开始进攻的打法(如图3-13所示)。这种打法有利于扩大攻击面,从而有效地避开拦网。

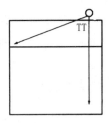

图 3-13　拉开进攻

（3）围绕进攻

围绕进攻是指进攻队员绕过二传队员后,扣其传出的高球的打法(如图3-14所示)。在此过程中,运动员需要围绕跑动换位,这主要是为了避开对方拦网的有效区域。

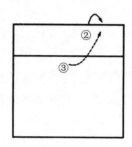

图 3-14　围绕进攻

（4）调整进攻

调整进攻是指在一传不到位、球的落点距网较远的情况下,由二传或其他队员通过调整,将球传至网前,以更加有利于扣球、强攻的打法。

调整进攻常用于接扣球防守反击,其对运动员的体能提出了较高的要求,且需要运动员具备较强的弹跳力。

（5）后排进攻

后排进攻是指后排队员在进攻线后起跳扣球的打法。在击球点距网较远的情况下,这种打法可为对方拦网制造一定的阻碍。

与其他进攻方式相比,后排进攻更加注重发挥优秀进攻队员的作用。将这种打法运用于排球比赛中,往往能够取得良好的效果。

2.快攻

快攻是指将各种快球作为掩护所进行的进攻,其主要包括以下几种形式:

（1）快球进攻

快球进攻是指二传队员先将球快传或平传给扣球队员,再由扣球队员挥臂击球的打法,其具有速度快、突发性强等特点。

按照传出球在二传组织快球进攻时的方向和距离,可将快球划分为如图3-15所示的几种类型。其中,A代表"近体快",B代表"短平快",C代表"背快",D代表"背短平快",E代表"背溜"。

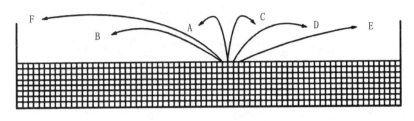

图 3-15 快球进攻

（2）自我掩护进攻

自我掩护进攻是指运用打快球时的假动作，来掩护第二次实扣进攻的打法，其主要包括利用时间差、利用位置差、利用空间差三种方式。其中，利用位置差的进攻打法还可进一步划分为以下几种：

①短平快前错位：如图 3-16 所示，3 号位短平快佯攻后，向右跨步，双脚或单脚起跳，扣集中的半高球。

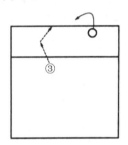

图 3-16 短平快前错位

②近体快前错位：如图 3-17 所示，3 号位近体快球佯攻后，向左跨步起跳，扣拉开的半高球。

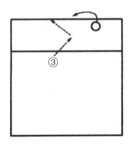

图 3-17 近体快前错位

③近体快后错位：如图 3-18 所示，3 号位近体快球佯攻后，向右侧跨步，围绕到二传队员背后，扣半高球。

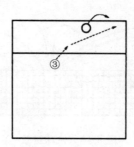

图 3-18　近体快后错位

二、集体防守战术教学

（一）接发球及其阵型

接发球既是进攻的基础,也是由守转攻的转折点。接发球的成败主要依赖于一传,如果一传队员的技术水平较高,那么接发球的成功率就会大大提高,否则将极易失分。

1.接发球的基本要求

（1）正确判断

接发球的质量高低,在一定程度上取决于运动员能否进行正确判断。运动员在接发球时,要保持注意力的高度集中,同时根据对方的动作、力量、速度,作出正确的判断,并及时移动取位。此外,还要对准来球路线,通过合理的技术,将球垫给二传队员。

在排球比赛中,发球落点的变化通常会遵循以下规律:①远飘、轻飘点分散;②平快、大力一条线。运动员可根据这一规律,判断临场发球的落点,进而采取相应的行动。

（2）明确分工与配合

在接发球时,运动员必须明确接发球的防守范围(如图 3-19 所示),且要注意这一范围不仅是平面的,还需根据来球弧度进行立体划分。而接发球队员彼此之间,则要做到既明确分工又相互配合。

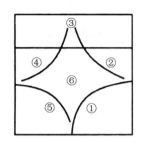

图 3-19　接发球的防守范围

（3）合理取位

运动员在安排接发球阵型时,应以前排靠近边线的队员为基准进行取位,同时注意以下两点:①同列队员不要重叠站位;②同排队员之间保持一定距离。

如图 3-20 所示,快速、有力的平直球是无法发到 A、B 两区的。因此,运动员在取位时,要避免站在这两个区域。

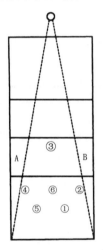

图 3-20　接发球阵型取位

2.接发球的阵型

下面将以五人接发球为例,简单介绍接发球的阵型。

五人接发球是指在六人队伍中,除了一名二传队员站住网前不接发球之外,其余五人都接发球的阵型,其常见站位包括以下几种:

（1）"W"形站位

"W"形站位又称"一三二"站位。如图 3-21 所示,在该站位中,五名队员分布得十分均匀,且前排三名队员负责接前场区的球,后排两名队员负责接后场区的球。

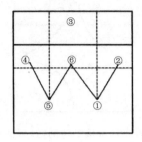

图 3-21 "W"形站位

（2）"M"形站位

"M"形站位又称"一二一二"站位。如图 3-22 所示,前排两名队员负责接前区的球,中间的队员负责接中区的球,后排两名队员负责接后区的球。

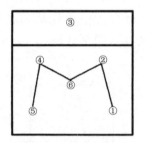

图 3-22 "M"形站位

"M"形站位适用于接落点分散、弧度高、速度慢的下沉飘球、高吊球等,而不利于接对方发至场地后区的大力球、平飘球等。

（3）"二"字形站位

"二"字形站位主要用于对付落点集中在球场中后区的跳发球、大力发球、平冲飘球等。

如图 3-23 所示,在接发球时,五名队员呈"二"字形排开。虽然左右距离较近,但由于每人守一条线,仍是互不干扰的。

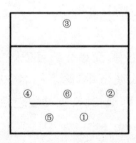

图 3-23 "一"字形站位

（4）"假插上"站位

二传队员位于前排时,可以运用"假插上"的站位来迷惑对方。如图 3-24 所示,2 号位队员站在 3 号位队员身后,佯做后排插上。当一传来球弧度较高且靠近网时,假插上队员可突然打两次球,在攻其不备的同时,6 号位还可以佯攻以掩护。

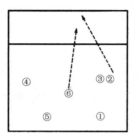

图 3-24　"假插上"站位

（二）接扣球防守及其阵型

接扣球防守包含拦网、后排防守两大环节。其中,拦网是第一道防线,后排防守是第二道防线。有效的拦网不仅能够限制对方的进攻、减轻防守的压力,还有助于为反攻创造机会。

1.拦网

拦网包括单人拦网、集体拦网两种方式。集体拦网必须建立在单人拦网的基础上,才能更好地发挥作用。下面将重点研究集体拦网。

（1）拦网的基本要求

集体拦网的要求具体如下:

第一,在确定拦网的主拦队员后,其余队员应与其密切配合,防止出现"各自为政"的情况。

第二,起跳时,队员之间应保持一定的距离,同时注意控制身体重心,以免相互干扰。

第三,拦网时,应尽可能地增大拦阻面。不过,拦网队员手与手之间的距离也不可太大,以免漏球。

（2）拦网的战术变化

拦网的战术变化主要包括以下几种:

第一,人盯区拦网。这是一种对定位进攻、一般进攻配合都较为有效的拦网战术。具体来讲,要将球网分成左、中、右三个区域,且每个区域由至少一名队员负责,以确保每个区域都有至少一名队员负责拦网,并能协助同伴集体拦网。

在运用人盯区拦网战术时,运动员应首先了解对方的常用战术。负责拦快攻战术的队员,则应根据对方的战术变化,确定主拦对方第一球的具体人选,以免判断失误。

第二,人盯人拦网。这是一种由拦网队员各自负责拦对方与自己相对应位置的进攻队员,即进行固定人员的拦网形式。分工明确、职责清晰是人盯人拦网的最大优势,但在对方交叉进攻的情况下,还需及时交换盯人拦网,以免陷入无人拦网的困境。

第三,重叠拦网。重叠拦网是对人盯人拦网的进一步发展。人盯人拦网适用于一般的配合进攻,但如果出现了"交叉""夹塞"等快攻战术,拦网就容易出现漏洞。

为了便于拦网位置的交换,前排拦网队员在网前最好不要平行站位,而应前后重叠站位。在重叠拦网时,站在网前的拦网队员负责拦对方的第一球,重叠在后面的队员负责拦对方的第二球。

2.后排防守

后排防守作为第二道防线,也是减少失分、争取反攻得分的基础。尽管近年来的拦网技术水平有了很大的提高,但仍有很多球会在突破拦网后,进入本方场区。成功的后排防守不仅可以争取得分机会,还有助于鼓舞士气。

对后排防守的要求具体如下:第一,与前排拦网密切配合、互为补充;第二,防守队员之间应当互相保护。

此外,由于防守队员在判断取位、垫击时都可能出现失误,且球的飞行方向也并不规律,因此,场上其他队员都应及时采取补救措施,充分做好朝着不同方向移动的准备。

第四章 排球运动员的体能训练

良好的体能是排球运动员参加训练、获得比赛胜利的基本保障。体能训练在排球运动员的日常训练中，发挥着无可取代的作用。本章将基于对排球体能训练的概述，分别对有利于提升排球运动员力量、速度、耐力、柔韧性、灵活性、弹跳力等各方面素质的体能训练方法进行介绍。

第一节 排球体能训练概述

本节将从意义、内容、生理学基础、基本要求四个角度，对排球运动的体能训练进行概述。

一、体能训练的意义

体能即身体能力，是对个体的身体素质、机能水平、身体形态的综合反映。在影响运动员竞技水平的诸多要素中，体能属于基础性的因素。良好的体能既是提高运动员技战术水平的保障，也是运动员取得优异的比赛成绩的基础。因此，体能训练一直都在运动训练中占据着重要地位，而高强度的排球运动更是对体能训练提出了严格的要求。

在参加体能训练时，运动员应选用多样化的训练手段，以发展专项身体素质、增强系统机能、改善身体形态。运动员既要承受得起大负荷的训练，又要将自身的竞技状态维持在较高的水平上。而这些都要求运动员与教练员对体能训练的重要性加以重视。

二、体能训练的内容

在排球运动中，教练员对体能训练的安排应基于排球运动的竞技特征，旨在发展与排球竞技能力相关的专项身体素质，具体包括如表 4-1 所示的内容。

表 4-1 体能训练的内容

专项身体素质	具体内容
力量	腰部力量
	腹部力量
	腿部力量
	踝部力量
	手臂力量
	手指力量
	手腕力量
速度	反应速度
	移动速度
	起跳速度
	挥臂速度
弹跳力	原地弹跳力
	助跑弹跳力
	连续弹跳力
耐力	移动耐力
	弹跳耐力
	速度耐力
	比赛耐力
灵活性	手、腿、腰、腹的协调配合能力
	场上的灵活应变能力
柔韧性	肩、髋、膝、踝、腕等关节的活动范围

三、体能训练的生理学基础

要想使体能训练真正发挥应有的作用,教练员在为运动员选择训练方法时,应当充分考虑排球比赛对运动员体能的要求,而这就需要其掌握一定的运动生理学原理。

从生理学的角度来看,人体的能量主要源于以下供能系统:

第一,无氧非乳酸供能系统。在该系统的作用下,高水平的肌肉活动一般可维持 5～10 秒。

第二,无氧乳酸供能系统。在该系统的作用下,肌肉的工作时间少则 20～30 秒,多则 1～2 分钟。

第三,氧供能系统。在氧气充足的前提下,该系统可为人体提供能量,并将人体的工作时间维持在 2 分钟以上。

以上供能系统共同构成了身体供能结构体系,体能训练也应围绕这三大供能系统展开。

排球比赛是一种间歇性的运动形式。在短时间内,爆发式的身体运动会被短暂的间歇分隔开。在一般情况下,时间短、爆发性强的扣球与拦网主要依靠的是无氧非乳酸系统供能;而在短促的动作重复、连续的多回合争夺中,无氧乳酸系统供能则占据着主导地位。

总体而言,排球运动的水平主要取决于运动员的无氧供能系统,但对运动员来说,提高自身的有氧供能能力同样十分重要。

四、体能训练的基本要求

(一)全面安排

运动员在参加排球运动时,身体形态、身体机能、身体素质的作用都十分重要,彼此之间是相互依存、相互促进的关系。因此,在制定体能训练计划时,也要根据这些因素作出合理安排。

(二)科学分配比重

在一般情况下,体能训练在青少年运动员的排球训练中占据较大的比重,而在成年运动员的排球训练中,所占比重则相对较小。

在不同的训练阶段,体能训练所占的比重也有所不同,通常冬训时体能训练会更加频繁。

(三)正确处理体能训练与技战术训练的关系

体能训练与技战术训练之间的关系,既非相互对立,也非互为替代。作为排球训练的重要组成部分,体能训练应基于排球技战术的要求,从内容、手段、方法等角度,满足排球技战术训练的具体要求。

(四)合理安排训练时间与运动负荷

当大脑皮质处于良性兴奋时,体能训练的效果往往是最好的。而在安排运动负荷时,也要遵循"适度"原则,既要把握训练的强度与密度,也要处理好休息与间歇的关系。

(五)加强体能训练的针对性

教练员在组织体能训练时,要注意挖掘运动员的个体差异,进而采用针对性较强的训练手段,做到"因人而异,区别对待"。

(六)训练方式多样化

单一、重复的训练方式容易削弱运动员主动参与训练的积极性。因此,即使是同样的训练内容,教练员也应适时变换训练手段,以免运动员对训练感到乏味,进而"消极怠工"。采用比赛、游戏、测验等多样化的形式,有助于维持运动员的训练热情。

第二节　力量素质训练

力量是运动的源泉。任何一项运动的正常进行,都离不开力量的支撑。力量素质作为力量的基本表现形式,在体能训练中发挥着基础性作用。

一、力量的含义与种类

力量是指肌肉在工作时,用于克服阻力的能力,也是对运动员肌肉收缩程度的反映。

人体的身体活动均因对抗阻力而产生,而体育活动较之日常活动,则需要更加强大的阻力。从这个意义上来讲,力量是运动水平的决定因素之一。排球运动员的弹跳力、耐力、爆发力等,都是力量的常见表现。力量训练对技术水平的提高具有重大意义。

排球运动员需要重点发展的力量,主要包括以下三种:

（一）一般力量

一般力量是爆发力、耐力的基础。运动员要想发展一般力量,最好选择负荷大、次数少、组次多的练习方式。

（二）爆发力

爆发力又称"速度力量",其代表的是在最短的时间内,能够发挥出的最大力量。

要想增强爆发力,运动员可通过以下两种方式:第一,用逼近极限的负荷,重复较少的次数;第二,进行速度快但负荷小的训练。

（三）力量耐力

力量耐力是指在特定时间内,反复承受某一负荷的能力。在长时间的训练与比赛中,力量耐力是保持体能的重要保障。排球运动员一般都会通过负荷小、重复次数多的方式来发展力量耐力。

二、影响力量的因素

（一）肌肉的生理横断面

肌肉的生理横断面越大,力量也就越大。而肌肉的横断面之所以会增大,是因为训练造成了肌纤维变粗。

对排球运动员来说,其下肢必须具备较大的绝对力量或相对力量,故而其下肢肌肉也需要较大的横断面。

（二）神经系统的协调能力

神经系统能够在很大程度上增强参与运动的各个肌群(如主动肌、对抗肌等)的协调性。而除了肌肉间的协调关系,主动肌的"内协调能力"同样会对力量产生一定影响。

所谓"内协调能力",是指肌肉在收缩时,动员"运动单位"参与工作的能力,其主要取决于训练水平。在一般情况下,运动水平较高的运动员可动员80%～90%的"运动单位",而普通人则只能动员40%左右。

（三）骨杠杆的机械率

骨杠杆的机械率可通过肌肉的协调用力体现出来,其高低主要取决于以下因素:①杠杆阻力臂与动力臂的相对长度;②肌肉群的牵拉角度。

（四）肌纤维的类型

肌纤维的类型与占比同样会对力量产生明显影响。

白肌纤维具有收缩速度快、张力大等优势,其所占比重越大,肌肉的力量也就越强。

不过,与单纯的力量相比,排球运动更加注重技术性,这使得其对肌纤维的比例并未提出过于严格的要求。对排球运动员来说,白肌纤维、红肌纤维各占一半,是一种比较正常的现象。

三、力量训练的基本方法

按照肌肉收缩的形式,可将力量训练的基本方法分为以下几种:

（一）动力性力量训练

动力性力量训练又称"等张训练"。人体在等张收缩时,其产生的力量会造成肢体位移,从而加速人体的运动。在这种情况下,肌肉所做的一般都是向心收缩工作,且在工作的过程中,肌肉会随着肢体关节的改变,发生张力上的变化。

动力性力量训练的主要形式有两种:第一种是以增强爆发力为目的,进行的负荷大、次数少的训练;第二种是以发展耐力为目的,进行的负荷小、次数多的训练。

（二）静力性力量训练

静力性力量训练又称"等长训练"。肌肉在对抗固定阻力时,其产生的力量可将肢体固定在一定的位置,确保其不产生明显位移。负重半蹲是一种最为常用的静力性力量训练方法。

（三）超等长训练

超等长训练主要用于增强爆发力,其能够使肌肉产生牵张反射。"跳深"练习是一种有效的超等长训练方式。

（四）等动训练

等动训练要求运动员的肌肉群在整个关节的活动范围内，不仅要以最大的张力收缩，还要保持速度的恒定，其往往需要依赖于专门的器材（如等动练习器）方可进行。

四、力量训练的要求

（一）不断提高刺激强度

对于来自外界的刺激，肌肉会作出适应性的反应。高强度乃至极限强度的刺激，会使肌肉形成同等程度的生理适应。而力量训练如果未能逐步达到这种强度，训练的效果就会不如人意。

发展肌肉力量的生理过程具体如下：①刺激；②反应；③适应；④增加刺激；⑤反应；⑥再适应；⑦增长力量。

由上述过程可知，肌肉抗阻力训练有助于增强肌肉的力量。只要阻力施加得当，力量的增长就会变快。而当肌肉力量增长后，又必须施加更强的刺激。因此，发展力量应遵循逐步增加刺激强度的原则。

（二）具备专项特点

从某种意义上来讲，力量训练是技巧的产物，力量训练所带来的效应甚至会通过训练时的关节角度反映出来。

运动员在进行力量训练时，应在肌肉收缩速度、肌肉收缩力量等方面尽量模拟实际的运动动作，且最好选择动作结构、动作速度等与专项动作基本一致的动作方法。

（三）遵循力量练习安排的顺序

在一般情况下，小肌肉群比大肌肉群更容易疲劳。因此，为保证大肌肉群的大负荷，运动员必须在小肌肉群感到疲劳之前，先让大肌肉群得到充分的训练。

而在后续的练习中，最好可以不用同一肌群参与工作，给予肌肉充足的恢复时间。

（四）以动力性练习为主

在训练实践中,运动员一般会以动力性练习为主要方法。这是因为,当肌肉处于动力性状态时,其力量更容易获得发展。

五、力量训练的注意事项

（一）遵循力量增长与消退的规律

研究表明,个体坚持每天进行一次力量训练,将获得100%的效果;每隔5天进行一次力量训练,效果会大打折扣;每隔14天进行一次力量训练,将很难产生实际效果。这就要求运动员每周至少进行2~3次力量训练。

（二）注意少儿群体的生理特点

少儿是一个特殊的群体,在开展以其为主体的力量训练时,要以年龄特点为依据,做到慎之又慎。

对于8~13岁的群体,在发展其全身各部位的一般力量时,通常都会选择动力性练习,且负荷通常为自己的体重。在这一时期,个体主要是通过肌肉组织的内部协调来增强力量的,不宜出现肌肉组织肥大的情况。

在组织针对少儿的力量训练时,要时刻考虑这一群体骨化过程尚未完成的特点,注意以年龄为依据,进行区别对待。

（三）注意整体练习与局部练习的结合

在进行力量训练时,既要将整体力量练习与局部力量练习结合起来,也要将发展大肌肉群力量练习与发展小肌肉群力量练习结合起来,以确保身体各部位的力量都能均衡发展。

（四）以杠铃练习为主,辅以其他练习

杠铃练习是增强力量的重要手段之一,不过,单一的杠铃练习并不能满足排球运动员对跳跃的要求。因此,运动员除了要加强杠铃练习,还必须以其他练习方式(如快速小步跑、高抬腿跑、原地单双脚跳等)为辅助。这既有助于预防肌肉的僵化,也有利于增强运动员的灵活性。

（五）做好准备活动

运动员在正式进行力量训练前，应做好充分的准备活动，同时集中精力。切忌在身体明显疲劳的状态下安排力量练习。

六、力量训练的常用方法

不同形式的力量训练，侧重于发展不同的身体力量。常用的力量训练方法具体包括以下几种：

（一）发展腰部肌群力量

要想发展腰部肌群力量，可通过以下几种方式：①仰卧起坐；②俯卧体后屈（由同伴协助扶脚）；③仰卧举腿；④单杠悬垂举腿。

（二）发展下肢肌群力量

要想发展下肢肌群力量，可通过以下几种方式：①杠铃负重半蹲，快速提踵；②负杠铃弓箭步行走；③杠铃负重蹲起。

（三）发展手臂肌群力量

要想发展手臂肌群力量，可通过以下几种方式：①俯卧撑；②手倒立（靠墙）；③卧推（增加负荷至极限）。

（四）发展手指、手腕肌肉力量

要想发展手指、手腕肌肉力量，可通过以下几种方式：①负重腕屈伸；②手指俯卧撑；③头上单手手腕用力掷实心球。

第三节　速度素质训练

速度素质，即人体快速运动的能力。在体育比赛中，运动员速度快有利于占领先机。对排球运动员来说，提高自己的速度素质，同样至关重要。

一、速度的含义与类型

速度是指个体在单位时间内,完成某个动作、移动某段距离的能力。排球比赛要求运动员适应处于快速移动状态下的对手和飞速运动中的球,运动员必须拥有极快的速度。

速度一共包括三种类型,分别是反应速度、动作速度、移动速度。

(一)反应速度

在排球比赛中,反应速度反映的是运动员对双方在赛场上的行动变化、球的飞行位置等产生的快速应答能力,其具有一定的先天性,想要通过后天训练加以提高,难度相对较大。此外,反应速度也会随着年龄的增长而逐渐减慢。因此,如果运动员有意通过训练提高自己的反应速度,那就必须尽早进行。

(二)动作速度

动作速度是指运动员在排球场上完成各类击球动作的速度,其快慢主要取决于肌肉间的协调能力。

排球运动对运动员的动作速度要求极高。目前,男子排球运动员的扣球速度最快已达到每秒 30 米,女子排球运动员的扣球速度最快已达到每秒 20 米。可以说,如果没有足够快的挥臂速度,其扣球速度是绝无可能这么快的。

(三)移动速度

移动速度通过运动员在单位时间内移动身体的距离表现出来。具体来讲,排球运动员的移动速度会通过其移动、扣球、拦球、助跑时的速度表现出来。

移动速度一方面取决于运动员身体的协调性,另一方面还与运动员克服身体惯性的能力有关。

二、影响速度的主要因素

(一)神经过程的灵活性

神经过程的灵活性表现为运动神经中枢兴奋与抑制的转换速度。身体运动主要依靠的是肌肉的收缩与舒张,而肌肉又是受神经支配的。因此,如果神经过程较为灵活,运动员的反应速度就会加快;反之,反应速度则会变慢。

(二)肌肉的类型与肌肉活动的协调性

研究表明,白肌纤维占比较大的人适合参加速度型项目,这主要是由白肌纤维的生化特点(包括 ATP 的含量、神经冲动的传导速度等)决定的。

改善各肌群之间的协调性,有利于提高活动速度。加强肌群之间的协调配合,有利于减小肌群之间的阻力、提高肌肉活动的速度。

此外,增强关节的灵活性、提高对抗肌的拉长能力,同样有助于运动员速度的提高。

(三)爆发力

运动员的力量(尤其是爆发力)与速度之间的关系可谓密切相关。增强爆发力,对速度素质的提高是极为有效的。

三、速度训练的要求

(一)提高中枢神经系统的反应能力

中枢神经系统的反应能力通过反应速度表现出来,反应速度又通过神经系统反射通路的传导时间表现出来。

速度训练的作用之一,就是提高最高反应速度,并增强其稳定性。排球运动员的很多运动反应,其本质都属于运动条件反射。而运动条件反射越多、越牢固,运动员的反应速度也就越快。

(二)与专项技术训练紧密结合

排球运动员的速度素质往往会表现出强烈的信号感,且富于变化。将速度训练的常用手段与专项技术结合起来,将更加有利于速度的提高。

(三)重视练习的强度

运动员在速度练习中,需要尽可能地动员自身力量,使动作频率加快、幅度增大,以达到最高的速度水平。

选择较大的、接近极限的强度,通过增强爆发力来提高肌肉快速收缩的能力,对速度素质的发展具有良好的效果。

(四)加强肌肉群之间的协调配合

加强协同肌与对抗肌之间的协调配合,有助于增强动作的协调性。而加入相应的动作辅助练习,则有利于提高运动员的自我调节、放松能力。

四、速度训练的注意事项

在组织、参与速度训练时,教练员与运动员应注意以下几点:
第一,保持速度训练的经常性。
第二,速度训练应在运动员精力充沛的状态下进行。
第三,速度训练应与排球专项技术练习相结合,以使运动员更快地建立专项条件反射。
第四,注意运动员在年龄、性别、体能等方面的差异。青少年运动员正处于发展速度素质的关键时期,应格外重视对这一群体的素质提升。

五、速度训练的方法

(一)反应速度的练习

提高反应速度的常用练习方法包括以下几种:
①将运动员分成两组,间隔 1 米,面对面站立,根据教练员的手势进行追逐跑练习。
②背对墙站立,先对墙抛球,再转身将反弹的球垫起。
③分别以站、坐、跪为准备姿势,按照教练员的手势,朝各个方向起跑。
④在距离墙面 2~3 米的位置站立,教练员从运动员的身后朝墙上扔球,运动员垫起反弹的球。
⑤两人隔网相对,一人做快速动作练习,另一人尽可能地跟上其动作。

（二）动作速度的练习

提高动作速度的常用练习方法包括以下几种：

①两人一组，相距 10 米，单手朝对方肩部掷排球。

②面对墙面，用扣球动作甩垒球。

③两人一组，相距 5～6 米，单手掷实心球。

④助跑起跳，朝网上甩垒球。

⑤连跳 3 个高度不同的栏架，要求脚落地后立即跳起。

⑥距墙 10 米，做单手肩上掷排球练习。

（三）移动速度的练习

提高移动速度的常用练习方法包括以下几种：

①朝前方做连续滚翻、前扑、鱼跃等动作练习。

②在中线与进攻线之间，做 3 米快速往返移动练习。

③进行小步跑、交叉步跑、侧滑步跑等组合练习。

④沿着"米"字形，进行快速往返移动。

第四节　耐力素质训练

耐力素质通常表现为个体在维持特定强度的负荷时，克服疲劳的能力。作为体能素质的重要组成部分，耐力素质有时还会反映出人体的机能水平。

一、耐力的含义与意义

耐力通常表现为两种能力：第一，在保持正常效率的前提下，人体进行长时间运动的能力；第二，机体用以抵抗因工作而产生的疲劳的能力。

排球运动以有氧耐力为基础，以无氧耐力为主导。耐力水平的高低，会对排球运动员的成绩产生很大影响。

排球比赛不受时间限制。当参赛双方的实力旗鼓相当时，一场比赛可能需要花费 2 个小时。由此可见，耐力会直接影响运动员技术水平的发挥，而加强耐力训练对运动员也至关重要。

二、耐力训练的特点

(一)耐力的提高与消退均速度较快

经常参加耐力训练,能够在短期内取得良好的效果。一旦停止训练3周左右,运动员的耐力水平就会回到原点。因此,排球运动员必须保证每周进行1～2次耐力训练。

(二)耐力训练应从少年时期开始

排球运动员所需的耐力以有氧耐力为基础。从少年时期便开始进行有氧耐力训练,有利于增大运动员的心脏容积、增加最大吸氧量、提高恢复能力。而这些也能在一定程度上反映出运动员的身体健康状况。

三、耐力训练的注意事项

在组织、参与耐力训练时,教练员、运动员应注意以下几点:

第一,在全年训练计划中,耐力训练是必不可少的。在冬训之初,可安排一般耐力训练;在赛前,则应增加专项耐力训练。

第二,高强度的耐力训练应单独进行。在日常训练中,最好安排强度较低的专项耐力训练。

第三,合理安排各类技战术训练和身体训练手段,交替使用极限训练法、间歇训练法等方法。

四、耐力训练的方法

不同形式的耐力训练,侧重于发展不同类型的耐力素质。常用的耐力训练方法具体包括以下几种:

(一)发展弹跳耐力

发展弹跳耐力的常用方法包括以下几种:

①用绝对弹跳力的80%连续跳,每组20～30次。

②原地起跳,单手摸高。

③连续扣球 30～50 次。

④跳绳练习,具体可划分为三个阶段:第一阶段,双摇双脚跳 30 秒;第二阶段,左脚单脚跳 1 分钟;第三阶段,右脚单脚跳 1 分钟。

(二)发展速度耐力

发展速度耐力的常用方法包括以下几种:

①30 米冲刺 10 次,每次间歇 15～20 秒。

②连续滚翻救球 30～50 次。

③60 米冲刺 10 次,每次间歇 30 秒。

④在规定时间内跑完 400 米,间歇 1 分钟后,再跑 1 次。

(三)发展移动耐力

发展移动耐力的常用方法包括以下几种:

①按照教练员的手势,朝各个方向移动,每组练习 2～3 分钟。

②单人左右移动拦网 10 次。

③单人全场防守,防起 15 个球为 1 组。

④3 米左右移动 30 秒,练习 5～8 组。

(四)发展比赛耐力

发展比赛耐力的常用方法包括以下两种:

①连续比赛 7～10 局。

②完成身体训练后,再进行比赛。

第五节　柔韧素质训练

良好的柔韧素质,可有效避免运动员在训练、比赛过程中出现肌肉、韧带等部位的运动损伤。加强柔韧素质训练,对提高运动水平具有显著作用。

一、柔韧性的含义与意义

柔韧性表现为人体各关节的活动幅度,以及肌肉、肌腱、韧带的弹性与伸展能力。

排球运动对运动员肩部、腰部、髋部的柔韧性提出了较高的要求。肩部、腰部的柔韧性好,有利于增大动作幅度、扩大控制范围;髋部的柔韧性好,有利于弯腰、跨步等动作的完成。

柔韧性好的运动员,其动作幅度大,姿势也舒展、优美。柔韧性差的运动员,其动作大多紧张、僵硬,容易出现技术失误、造成运动损伤。由此可见,加强柔韧性训练对排球运动员是十分重要的。

二、柔韧性的影响因素

排球运动员的柔韧性,通常会受到以下因素的影响:①关节面的活动范围;②关节囊的厚薄与松紧度;③纤维层的厚度;④韧带、肌腱、肌肉的强弱与伸展性;⑤主动肌的力量;⑥主动肌与对抗肌的协调能力;⑦准备活动的充分与否;⑧训练水平的高低;⑨气温的高低;⑩年龄、性别。

三、柔韧性训练的注意事项

在组织、参与柔韧性训练时,教练员、运动员应注意以下几点:

第一,柔韧性训练不仅要经常进行,还要针对运动员的薄弱环节,这样才能使肌肉、韧带的延展性获得发展。

第二,坚持循序渐进的原则,切忌急速拉伸肌肉与韧带,要做好准备活动,逐渐增大动作幅度。

第三,采用动作结构与技术动作相似的伸展练习,同时结合有利于发展其他素质的练习。

第四,以人体的生理规律为依据,把握发展柔韧性的最佳时机。

第五,气温会对柔韧性产生一定的影响。当天气温暖、身体发热时,柔韧性一般较好;当天气寒冷、身体发凉时,柔韧性普遍偏差。因此,在进行柔韧性训练时,要注意外界温度的高低。

四、柔韧性训练的方法

不同形式的柔韧性训练,侧重于发展不同部位的柔韧素质。常用的柔韧性训练方法具体包括以下几种:

(一)发展手指、手腕的柔韧性

要想发展手指、手腕的柔韧性,可通过以下几种方式:

①双臂平屈于胸前,双手掌心相对,十指指尖反复相压。
②持木棒做腕绕环练习。

(二)发展肩关节的柔韧性

要想发展肩关节的柔韧性,可通过以下几种方式:
①双手握单杠,脚上悬挂重物。
②背对肋木站立,双手从后上方握住肋木,胸腹向前,挺成弓形。

(三)发展踝关节的柔韧性

要想发展踝关节的柔韧性,可通过以下几种方式:
①跪坐,压踝。
②负中等重量,踝关节屈伸。
③先将脚放在高约 10 厘米的木板上,而后脚跟着地,负重全蹲。

(四)发展髋关节的柔韧性

要想发展髋关节的柔韧性,可通过以下几种方式:
①屈腿坐下,双脚掌心相对,双手向下弹压膝关节。
②面向肋木,一脚站立,另一脚放在高于腰的肋木上,正侧位压腿。
③纵劈腿、横劈腿。
　　除此之外,还有一些常用的双人练习方法,同样有助于发展柔韧性,比如:双人面对面站立,手臂互握,相互压肩;双人背向站立,互相背起对方;双人并肩而站,内侧手臂互握,同时踢腿;双人同时抬腿前压;等等。

第六节　灵活性与弹跳力训练

一、灵活性

　　灵活性又称"灵敏素质",是人们在进行正常活动或参加高水平比赛时必须具备的一项能力,主要作用是保障人体在突变条件下进行快速动作时的安全性与准确性。

（一）灵活性的含义与意义

灵活性反映的是运动员及时调整身体的运动速度、运动方向的能力。协调能力是灵活性的核心。

灵活性由力量、速度、爆发力、协调能力综合而成。在排球比赛中,运动员要想快速地变换方向、改变动作,都需要高度的灵活性。

（二）灵活性训练的特点

灵活性训练主要具有以下特点:

第一,将爆发力、反应力、速度等糅合在单个动作或成套动作中,使其相互促进。

第二,灵活性受中枢神经系统支配,运动员应在神经系统处于兴奋状态时进行训练。

第三,灵活性训练具有较强的专项化特点,应尽量结合专项技术加以训练,所选择的练习方法也应接近专项技术动作。

（三）灵活性训练的注意事项

在组织、参与灵活性训练时,教练员、运动员应注意以下几点:

第一,运动员必须集中注意力,做到动作准确、快速。

第二,腰部、腹部、背部的力量对灵活性的影响都十分突出,应格外注意对这些力量的专门练习。

第三,应根据运动员的年龄特征,合理安排灵活性训练。把握灵活性发展的规律,能够达到事半功倍的效果。

第四,灵活性由多项素质综合而成,在训练灵活性时,也应注意与其他素质训练相结合。

第五,体重过重或过于疲劳,都会对灵活性造成破坏。

（四）灵活性训练的方法

1.控制性练习

控制性练习的具体方法如下:①双臂分别向前、向后绕环;②听从教练员的口令,双臂做同顺序、不同起始节拍的动作。

2.结合球练习

结合球练习的具体方法如下:①持球躺在地板上;②向上抛球,随即起立,将球接住;③将球向地面击打,待其反弹后钻过。

3.通过障碍练习

通过障碍练习的具体方法如下:①靠墙,手倒立,停稳;②听信号,返下,转身移动至栏架前;③钻过栏架,双脚跳回栏架;④双脚跳过栏架,绕栏架跑一圈;⑤钻回栏架,双脚跳过栏架,跑去摸标志线。

4.绳球练习

绳球练习的具体方法如下:①运动员围成一个圆;②当球飞来时,做收腹跳过、俯卧、仰卧、原地鱼跃等指定动作;③做完指定动作后,立即站好,准备做下一轮动作。

二、弹跳力

弹跳力是指个体利用腰部、腿部肌肉群产生的爆发力,使身体腾空至一定高度的能力。严格来讲,弹跳力属于力量素质的一个分支,但其又与灵活性存在密切的关联。增强弹跳力,对力量、柔韧、灵敏等各项素质的提高,均具有积极的作用与明显的效果。

（一）弹跳力的含义与意义

弹跳力即跳跃能力,是对运动员速度、力量、协调能力的综合体现。其中,速度与力量将直接决定弹跳力的大小。

提高排球运动员的弹跳力,对其技战术水平的提升具有决定性作用。在排球运动中,无论是防守、二传、调整等能力的提高,还是连续扣球、拦网次数的增多,都对运动员的弹跳力提出了极高的要求。

（二）弹跳力训练的要求

1.重视身体的协调能力与起跳技术

弹跳力以力量、速度为基础,不过,身体的协调能力运动员的起跳技术同样也是不容忽视的重要因素。

在起跳时,运动员应格外注意摆臂动作与下肢的配合。在练习过程中,教练员需认真观察运动员在起跳时的具体技术环节。

2.不同训练阶段的侧重点有所不同

在基础训练阶段,应重视数量刺激,以增大肌肉、发展力量为目的。
在专项提高阶段,应重视强度刺激,以提高肌肉质量与弹跳力为目的。

3.结合专项技术动作的结构特点

弹跳力训练具有专门化的特点。运动员在做负重蹲起练习时,应保证动作结构、动作要求与专项跳跃动作相接近。如果差异过大,不仅会限制训练效果,还有可能出现"消极转移"的现象。

4.重视对腰背肌肉与足弓肌群的训练

要想提高弹跳力,运动员不仅要加强对下肢力量的训练,还要重视对腰背肌群、足弓肌群的训练。

加强腰背肌群的用力,对克服惰性、提高起跳初速度具有重要作用。当足弓发力时,人体就已经获得了一定的加速度。此时,足弓的推力将进一步提高起跳速度,使人在跳得高的同时,还能跳得快。

(三)弹跳力训练的注意事项

在组织、参加弹跳力训练时,教练员与运动员应注意以下几点:
第一,要做好多年规划与全年计划,且明确各个阶段的训练重点。
第二,对于具备一定训练基础的运动员,必须加强"强度刺激",并不断改变刺激的强度。
第三,要大力发展伸膝肌群、屈足肌群、伸髋肌群的力量。
第四,加强全身爆发力与协调性的训练。
第五,加强"跳深"练习,这是发展弹跳力的最有效方法之一。
第六,不要在质地过硬的地面上(如水泥地面、石板地面)进行弹跳力练习,以免造成慢性损伤。

(四)弹跳力的训练方法

弹跳力的训练方法一般可分为两大类。

1.徒手跳跃练习

在进行徒手跳跃练习时,可采取以下几种方式:①单脚交替向前跨跳;

②原地跳起收腹;③多级跳远;④连续蛙跳。

2.利用场地器材的跳跃练习

在进行利用场地器材的跳跃练习时,可采取以下几种方式:①双脚连续跳过栏架;②跳绳;③交叉、转体跳;④连续跳台跳深练习。

第五章　排球运动员的心理与康复训练

排球运动是一项对运动员的心理素质、身体素质均要求较高的运动。运动员在训练过程中,往往会产生一定的心理压力,或身体受到不同程度的损伤。此时,就需要对排球运动员进行心理与康复训练,以更好地发挥训练的作用。本章将分别对排球运动员所需的一般心理训练、比赛心理训练、疲劳康复训练、损伤康复训练展开研究。

第一节　一般心理训练

心理训练是指在体育运动中,常用的一种专门的训练方法,其旨在改善影响运动员的心理因素,使之能够更好地参与体育教学与训练。一般心理训练的常用方式包括以下几种:

一、行为主义理论式训练

行为主义理论式训练可进一步划分为放松训练、生物反馈训练两种类型。

（一）放松训练

放松训练常用于大运动量的排球比赛或训练后。此时的运动员已消耗了大量体力、脑力,呈现出筋疲力尽的状态,其亟需借助放松训练,专心致志地放松身心,以恢复体力和脑力。

1.放松训练的作用

放松训练主要具有以下作用:
（1）放松与暗示效应
从放松与暗示效应来看,处于身心疲劳状态的运动员能够通过放松训练,使大脑保持一种平静、放松的状态。而肌肉则会受到大脑的暗示,并据此表现出相应的行为意向。

(2)身体放松与心理放松

从身体放松与心理放松来看,运动员的肌肉活动越积极,大脑就会越兴奋,也就越容易心理紧张;反之,运动员的肌肉越松弛,大脑就会越放松,其心理也就不易紧张。

2.放松训练的方法

放松训练的方法有很多,如暗示训练、催眠训练等。无论采用哪种方法,都要长期坚持、反复训练,切忌一时兴起、半途而废。

以暗示放松训练为例,其主要通过特定的语言公式,对手、腿、肩、背等身体部位进行放松。常见的暗示词有"安静""放松""暖和"等。当放松完成后,要及时启动身体,并利用启动语言进行暗示。常用的启动语言有"我休息好了""我现在头脑清醒,感到舒服""我的肌肉放松,且富有弹性"等。

当启动语言暗示后,运动员可先深吸一口气,再呼气、睁眼,并站起来慢走2~3分钟。随后进行十分轻微的活动,以帮助身体恢复。

(二)生物反馈训练

生物反馈训练一般用于运动员过度紧张、焦虑的情况下。运动员可以通过训练,将自身的生理功能变化与自我感觉联系起来,以调节生理功能,使之朝着积极的方向发展。

1.生物反馈训练的作用

生物反馈训练的作用,主要通过人体不同系统的反馈表现出来,涉及的具体系统包括骨骼肌肉系统、自主神经系统、内分泌系统。其中,骨骼肌肉系统的生物反馈训练最容易发生反应,因此,往往需要采用间接的方法进行训练。

2.生物反馈训练的方法

生物反馈训练的方法,主要是为了帮助运动员了解内脏器官的活动信息,并学会控制内脏器官的活动进程。

二、认知理论式训练

在排球运动中,认知理论式训练同样是一种较为常用的一般心理训练

方法,其具体包括以下三种:

（一）暗示训练

暗示训练是指运动员通过以言语为代表的、具有一定刺激作用的事物,进行有关自我心理素质的训练,以达到更好地控制自身行为的目的的训练方法。

对排球运动员来说,暗示训练有助于增强其技术动作的稳定性。运动员可通过"我能行""相信自己"等语言暗示,引导自己在排球相关活动中保持积极的心理状态。

（二）表象训练

表象训练是指运动员利用头脑中已经形成的运动表象,结合科学、合理的语言暗示,对自身的心理进行训练的方法。

运动表象是综合性的,其既包括视觉表象,也包括动觉表象。表象训练能够刺激存在于运动表象中的动作部位产生肌电活动,刺激大脑皮层的对应中枢,进而引起肌肉的动作反应。

研究表明,如果运动员能够很好地完成运动表象活动,表象训练就能达到预期的效果。

需要注意的是,运动员在进行表象训练时,要坚持反复练习,才有可能达到理想效果。此外,运动员还要将视觉表象与动觉表象结合起来。

（三）认知调节训练

认知调节训练是指以认知调节为主,对运动员的情绪进行调节与控制的训练方法,其具体可分为以下几个阶段:

1.探查阶段

在探查阶段,负责心理训练的心理教练员要对运动员的具体情况进行全面了解,具体包括运动员对世界的看法、运动员如何建立认知系统等问题。

2.教育阶段

在教育阶段,心理教练员要对运动员的观念进行正向引导,使运动员坚信自己遇到的问题都是能够解决的。在此基础上,再根据运动员的实际情况,为其提供具体的解决方案。

3.巩固阶段

在巩固阶段,心理教练员要继续为运动员提供服务,以帮助其形成全新的认知模式。

4.评价阶段

在评价阶段,心理教练员要对运动员在前三个阶段的心理训练效果进行评价。评价要客观、真实,不可夸大其词。

三、集中注意力训练

(一)集中注意力训练概述

注意力的集中程度对运动员来说至关重要。因此,教练员要加强对运动员的集中注意力训练,以培养运动员在以下两个方面的能力:①意愿的强度与延长;②注意力集中的长度与延长。

(二)集中注意力训练的注意事项

运动员在进行集中注意力训练时,需要注意以下几点:
第一,对训练内容要有强烈的兴趣,以获得内部动机。
第二,既要练习"视觉守点"的集中能力,也要练习"听觉守音"的集中能力,以实现两者的有机结合。
第三,在日常生活中要养成良好的习惯,做到有始有终、不半途而废、不三心二意。
第四,正视类似担心、害怕等心理状态,并探寻其中的原因,以尽可能消除这些负面情绪,避免情绪的大幅波动。
第五,在比赛时忘掉自己、忘掉胜败,专注于做好身体动作,用身体体会注意力集中的心理状态。

四、模拟训练

(一)模拟训练概述

模拟训练是指在与比赛条件相似的环境中开展的心理训练,其能够帮助运动员提高临场应变的能力,使其更快地适应比赛环境。

需要注意的是,在运用该方法对运动员进行心理训练时,应提前了解与比赛相关的各个因素,如场地、设备、对手、时间等。

(二)模拟训练的类型

1.实战实景模拟训练

实战实景模拟训练是指在与比赛相似度极高的环境中进行的训练,能够很好地培养运动员的适应能力。

2.语言形象模拟训练

语言形象模拟训练是指在用语言描绘的比赛场景中进行的训练,需要注意对图片、录像等工具的配合使用,还要注意语言描述的具体化。

五、意志训练

(一)意志训练概述

意志品质对运动员的心理状态具有明显影响,甚至会起到决定性作用。因此,要加强对运动员的意志训练,大力培养其意志品质。

具体来讲,可在运动员的训练过程中设置一些困难,以培养其当机立断的能力、对危险程度的估计能力等,从而锻炼运动员的意志品质。

(二)意志训练的方法

意志训练的方法有很多。在排球运动中,较为常用的意志训练方法主要包括说服教育、自我命令等。

六、调节训练

调节训练涉及表情、呼吸、语言、活动、音乐、颜色等多个方面。下面将具体对这些方面的调节训练进行介绍。

(一)表情调节训练

表情调节训练是指通过有意识地改变面部表情来调节情绪的训练方

法。比如,运动员可以在心情不好时,尽量呈现微笑的表情;在过于焦虑时,主动放松面部肌肉。

（二）呼吸调节训练

呼吸调节训练是指运动员通过深呼吸来稳定情绪,以避免情绪大幅波动的训练方式。

众所周知,情绪紧张会造成呼吸急促、喘息困难。此时,就要用缓慢的呼吸来降低情绪的兴奋值;而当情绪低沉时,呼吸则大多缓慢,此时可用有力的呼吸来提升情绪的兴奋值。

（三）语言调节训练

语言调节训练是指通过语言暗示,对运动员的心理活动进行调节的训练方法,其主要包括两种类型:①自我语言暗示调节训练;②他人语言暗示调节训练。无论选择哪种训练方法,都要在进行语言暗示的同时注意对眼神、表情、手势的运用,以进行辅助训练。

（四）活动调节训练

活动调节训练是指通过不同速度、强度、节奏的动作练习,调节运动员心理状态的训练方法,具体如表5-1所示。

表 5-1　活动调节训练

心理状态	动作练习
过于低沉	大强度
	快节奏
	小幅度
过分紧张	小强度
	慢节奏
	大幅度

（五）音乐调节训练

音乐调节训练是指通过情绪色彩较为鲜明的音乐,对运动员的心理状态进行调节的训练方法。

具体来讲,如果情绪过于低沉,可借助激昂的音乐进行调节;如果情绪过分紧张,可借助舒缓的音乐进行调节。

（六）颜色调节训练

颜色调节训练是指借助联觉现象,利用颜色这一元素对个体心理状态进行调节的训练方法。

具体来讲,如果情绪过于低沉,可借助红色进行刺激;如果情绪过分紧张,可借助蓝色、绿色保持冷静。

第二节　比赛心理训练

比赛心理训练主要解决的是运动员在排球比赛中的心理问题。下面将从三个阶段对排球运动的比赛心理训练进行研究,分别是赛前心理分析与训练、赛中心理分析与调控、赛后心理分析与恢复。

一、赛前心理分析与训练

（一）赛前心理状态分析

众所周知,在排球比赛开始之前,运动员往往容易紧张,且这种紧张会随着赛季的临近而更加严重。因此,必须对运动员的赛前心理状态进行细致分析,从而寻找科学的方法进行赛前心理训练。

在排球运动中,运动员的赛前心理状态主要包括振奋积极、盲目自信、紧张胆怯、消极淡漠四种类型,下面将对此进行具体分析。

1.振奋积极

在赛前处于振奋积极状态的运动员,通常具备以下特征:①精神饱满;②注意力集中;③对自己有信心;④以比赛为乐趣。

此类运动员大多比较清楚自己在运动技术上的优势和劣势,也能够在比赛中较好地应对各种变化。

总体而言,振奋积极的心理状态是一种对比赛十分有利的心理状态,能够较好地满足比赛的需要。

2.盲目自信

在赛前盲目自信的运动员,一般会高估自己的实力,表现出注意力不集中、思维迟钝、自信自大等特征。

此类运动员往往心高气傲,不能准确、全面地认清自己和对手的实力状况,故而容易在比赛中失误。

3.紧张胆怯

在赛前处于紧张胆怯状态的运动员,基本都具备以下特征:①忐忑不安,情绪急躁;②注意力不集中,缺乏自信心;③呼吸不平稳,失眠厌食;④不能自如地控制动作。

此类运动员在比赛中一般很难取得理想的成绩,常常会发挥失常、遭遇失败。

4.消极淡漠

在赛前处于消极淡漠状态的运动员,通常表现出责任心不强、注意力不集中、遇事爱逃避等特征。

此类运动员大多对比赛目的不明确,或对比赛结果无所谓。

(二)赛前心理训练方法

赛前心理训练的方法有很多。在排球运动中,较为常见的赛前心理训练方法主要包括以下几种:

1.放松训练法

无论选择哪种心理训练方法,都需要以放松为前提。放松既表现为精神的放松,也表现为肌肉放松。在赛前心理训练中,对运动员进行放松训练,可采用以下两种方法:

(1)沉思放松法

这是一种通过精神放松来放松肌肉的方法。具体来说,运动员可选择一个相对安静的环境,以最舒服的姿势身处其中;也可重复默念某个词语,保持20分钟。

(2)渐进放松法

该方法的原理是通过肌肉放松,实现精神放松。具体来说,从头到脚依次收缩肌肉,使肌肉从高度紧张转变为尽快放松,并进行反复、长期的训练,直到肌肉在接受命令时,可立马放松。

2.模拟训练法

在赛前心理训练中,对运动员进行模拟训练,可采用实践实景模拟法、语言形象模拟法。

3.想象训练法

想象训练法与前文所述的表象训练法相类似。在赛前心理训练中,对运动员进行想象训练,需要注意以下几点:

第一,运动员想象的动作必须准确。

第二,运动员在想象训练的过程中,不能出现消极情绪。

4.集中注意力训练法

前文已对集中注意力训练法有所提及。此处强调的是,在赛前心理训练中,要先放松,再进行集中注意力训练。

二、赛中心理分析与调控

在排球比赛中,运动员的心理状态会随着比赛形势的变化而变化。在比赛之初,运动员的斗志普遍比较旺盛,心理状态极佳;而随着比赛的进行,运动员很容易因为激烈的战况而产生紧张和焦虑情绪,如果调整不好,就很难发挥出较好的水平。因此,教练要注重对运动员赛中心理的分析与调控。

下面将对常见的赛中心理状态进行具体分析。

(一)临场替补队员的心理状态

在排球比赛中,临场替补队员主要有两种,一种是平时经常上场的主要替补队员,另一种是平时很少上场的替补队员。

平时经常上场的主要替补队员通常十分明确自己上场的任务,也能够准确、快速地明白教练员的指导意图。他们思维清晰、情绪稳定、决心大、信心足,能够在替补之后较好地发挥其应有的作用,不需要教练员花费更多的心思对其进行指导。

平时很少上场的替补队员因缺乏赛场经验,很容易在上场后产生紧张情绪和胆怯心理,导致其无法很好地发挥替补作用。此时,教练员要及时予以鼓励,并明确布置任务,不能含糊其词,以免加重替补队员的心理负担。

（二）临场比赛形势影响下的心理状态

在排球比赛中,临场比赛形势会对运动员的心理状态产生重要影响。下面将对比赛不同阶段的运动员心理状态进行具体分析。

1.领先阶段的心理状态

处于领先阶段的运动员一般会呈现出两种不同的心理状态。

一种是信心十足,士气高涨,思维灵敏,情绪稳定,斗志旺盛,能够较好地发挥运动技术,在比赛中取得胜利。

一种是因暂时领先而轻敌,在被对方直追时又十分急躁,导致出现意想不到的败局。

2.落后阶段的心理状态

处于落后阶段的运动员通常也会呈现出两种不同的心理状态。

一种是并未丧失斗志,反而头脑清醒,及时调整,士气旺盛,能够积极发挥技术特长,一步步扩大战果,直至反败为胜。

一种是失去信心,情绪低落,没有主动性和积极性,也没有奋力一搏的斗志,早早定了败局。

3.相持或决战阶段的心理状态

处于相持或决战阶段的运动员通常能够意识到此时已经到了比赛的紧要关头,需保持清醒。因此,他们往往注意力高度集中,敏锐性大大提高,思维敏捷,情绪饱满,能够较好地发挥自身的技术水平。

（三）对手实力影响下的心理状态

在排球比赛中,对手的实力会对运动员的心理状态产生不容忽视的影响。下面将对不同实力对手影响下的运动员心理状态进行具体分析。

1.实力较强对手影响下的心理状态

在实力较强对手的影响下,运动员通常会呈现出两种不同的心理状态。

一种是心理准备不够充足,上场后被对方的气势所压服,出现决心动摇、情绪波动、思维混乱、判断偏差等问题,在比赛中处于被动,甚至会出现束手无策的情况。

一种是心理准备充足,上场后不但不被对方的气势所压服,反而更加勇猛顽强,并呈现出以下特征:①敢于碰硬;②情绪高涨;③斗志昂扬;④果断善战;⑤思维敏捷。

2.实力较弱对手影响下的心理状态

在实力较弱对手的影响下,运动员一般会出现轻敌、大意的问题,思维浅显,动作随便,注意力不集中,一旦场上战况发生变化,就会表现出明显的心理波动,进而"自乱阵脚"。

3.实力相当对手影响下的心理状态

在实力相当对手的影响下,运动员的心理状态一般会表现为以下两种:

一种是心理准备不够充足,心理压力大,内心不安,情绪不稳,害怕因自己的失误而影响其他队员,故而畏首畏尾、束手束脚,不能很好地发挥出自己应有的水平。

一种是心理准备充足,没有思想包袱,不惧困难,敢于挑战,具有强烈的责任感,能够发挥潜在力量,争取比赛胜利。

(四)赛中心理调控的方法

在排球运动中,赛中心理调控的方法有很多,下面将简要介绍几种。

1.呼吸调整法

在参加比赛时,运动员如果过分紧张,就容易出现胸闷气短、呼吸急促等症状。这个时候就可以采用呼吸调整法进行心理调控。

具体来说,就是将吸气、肌肉收缩和呼气、肌肉放松结合起来,通过肌肉的交替收缩和放松以及呼吸的配合,改变紧张、激动的心理状态。

2.自我暗示法

自我暗示法在前文已有所述,具体到比赛过程中,自我暗示可以帮助运动员稳定情绪。

常用的自我心理暗示语主要有以下几种:第一,我必须沉着冷静;第二,我感觉很好;第三,我可以完成。

3.思维阻断法

在比赛过程中,如果运动员意识到自己的紧张情绪是由消极思维引起的,就可以采用思维阻断法,用积极思维阻断消极思维。例如,用"我可以处理好的"阻断"糟糕,我要失败了"。

4.转移注意法

如果运动员在比赛过程中发现来自观众、对手、裁判的不良刺激影响了自己的心理状态,导致了紧张、焦虑等情绪的产生,就可以采用转移注意法,将自己的注意力转移到接下来的排球运动技战术运用上,不再关注场上或场外的那些不良刺激。

5.自我宣泄法

在比赛过程中,运动员可通过自我宣泄法宣泄紧张情绪,调控心理状态。

排球运动中常用的自我宣泄方式主要有以下几种:第一,擦脸;第二,跺脚;第三,握拳。

三、赛后心理分析与恢复

和其他竞技运动一样,排球运动的比赛结果也会让运动员产生心理波动,呈现出不同的心理状态。研究表明,在一场重大比赛结束后的 1~3 个月内,在运动员的大脑皮层中,仍会留存比赛结果的影响痕迹。

由此可见,运动员的赛后心理分析与恢复是十分有必要的。如果不加以重视,很有可能会对运动员日后的训练产生不利影响,甚至会给运动员的日常生活造成极大的伤害。

下面将对运动员比赛失败、比赛胜利时的心理状态分别展开分析,并据此探索有利于赛后心理恢复的方法。

(一)比赛失败的心理状态

运动员比赛失败的心理状态一般分为两种,即积极的心理状态和消极的心理状态。下面对其进行具体分析。

1.积极的心理状态

在比赛失败之后,一些运动员会呈现出积极的心理状态,具体体现在以下两个方面:

第一,正视比赛结果,客观、冷静地归纳失败原因。

第二,对日后的比赛充满希望,愿意克服自身缺点并刻苦训练,能够下定决心在下一次比赛中取得理想成绩。

2.消极的心理状态

在比赛失败之后,一些运动员会呈现出消极的心理状态,具体体现在以下两个方面:

第一,对比赛结果不满,吊儿郎当,无精打采。

第二,对自己的技术水平、个人能力产生怀疑,深受打击,一蹶不振。

(二)比赛胜利的心理状态

运动员比赛胜利的心理状态也有两种,即积极的心理状态和消极的心理状态。下面对其进行具体分析。

1.积极的心理状态

在比赛胜利之后,一些运动员会呈现出积极的心理状态,具体体现在以下几个方面:

第一,对胜利的喜悦感。

第二,对成绩的满足感。

第三,对继续训练的迫切感。

第四,对今后比赛胜利的自信感。

2.消极的心理状态

在比赛胜利之后,一些运动员会呈现出消极的心理状态,具体体现在以下几个方面:

第一,盲目自信,轻视他人。

第二,不再重视以后的训练。

第三,不愿意为此后的比赛付出汗水。

(三)赛后心理恢复的方法

对运动员而言,赛后心理恢复意义非凡。

在通常情况下,在比赛结束后,教练员会运用按摩、理疗等方法减轻运动员的身心负荷,帮助其进行赛后身心恢复。这些方法对运动员的赛后心理恢复具有一定的作用,但作用十分微小,因为其只能少量调节运动员的中枢神经系统,却无法直接对中枢神经系统产生影响。

很长一段时间以来,由于对运动员的心理疲劳缺乏重视,有关赛后心理恢复方法的研究几乎是空白的。随着人们对运动员的心理疲劳加以重视,各种心理训练方法开始进入赛后恢复阶段,并逐渐演变为赛后心理恢复的方法。下面将对排球运动常用的赛后心理恢复方法进行简要介绍。

1.认知调整法

比赛结束后,不少运动员会产生消极的心理反应。此时,教练员可以采用认知调整法,不断在运动员面前强调认知的重要性,使其学会正确看待比赛结果,从认知上减少内耗。

2.语言暗示法

语言暗示法是一种效果较好的赛后心理恢复方法,其主要包括自我暗示、他人暗示两种。其中,他人暗示又包括利用录音带进行的语言暗示、利用他人语言进行的语言暗示等。这些语言暗示法能够使比赛结束后的运动员在良性的刺激下得到较好的放松。

3.想象放松法

想象放松法的原理是让运动员在比赛结束后,想象自己处于放松的环境之中,以此改变心理状态。该方法的具体步骤如下:①仰卧;②四肢平伸;③闭眼;④集中注意力,进行想象。

4.生物反馈法

生物反馈法是一种帮助运动员改变赛后紧张心理状态的方法,即借助电子仪器,显示运动员赛后的内脏活动信息,使运动员了解自身行动的效果。如果运动员的赛后心理状态不佳,就会出现心率加快、血压升高等现象。

需要强调的是,生物反馈法是中枢神经系统对自主神经系统进行调节、控制的过程,其无法在短期内就达到较好的效果,故而需要运动员进行长期训练,并与其他赛后心理恢复方法结合起来使用。

5.音乐调节法

音乐调节法是一种很好的赛后心理恢复方法,其能够通过音乐带来的声波信息,消除运动员赛后的紧张和疲劳。

运动员可以在比赛结束后,有意识地听一些优美、舒缓的音乐,给予中枢神经系统良性刺激,从而达到赛后心理恢复的目的。

第三节　疲劳康复训练

疲劳是指人们在经过长时间的工作或活动后,出现的工作能力暂时减弱的现象。运动性疲劳则是指运动员在经过训练或比赛后,出现的运动能力暂时减弱的现象。

作为一种正常现象,运动性疲劳是运动员参加训练后很难避免的问题,这本身并无大碍。但如果运动员长时间保持疲劳状态,身体机能就会有所下降,进而影响日后的训练质量,甚至会损害运动员的身体健康。

一、排球运动训练的生理学评价

之所以要开展针对排球运动训练的生理学评价,是为了使教练员及时了解运动员对负荷的反应,以便于合理调整。教练员要想对运动员的整体状态作出准确判断,就要遵循如下原则:

第一,个体在很多指标(如红蛋白、尿蛋白、最大摄氧量等)上都会存在较大的差异,应以自身的纵向观察为主。

第二,生理学评价很难一次性得到准确结果,这决定其需要大量时间投入,也因此要做好"长期作战"的准备。

第三,进行综合指标评价,有利于增强判断的准确性。

第四,要根据排球运动的特点,制定生理学评价的方案。

（一）训练负荷

排球运动既涉及有氧耐力,又与无氧酵解供能有关。对训练负荷进行生理学评价,主要是出于以下目的:第一,分析运动员对负荷的应激反应;第二,合理控制运动员的训练负荷。

与训练负荷有关的生理学评价指标如表 5-2 所示。

表 5-2　训练负荷的生理学评价

指　标	训练强度评价
心率	以个人最大心率为依据
血乳酸	血乳酸的水平与训练强度呈正相关

续表

指　标	训练强度评价
血尿素	训练强度与血尿素的水平呈正相关
尿蛋白	尿蛋白的水平与负荷强度呈正相关

（二）机能恢复

经过长时间、强负荷的训练后，身体机能是否及时恢复，将关系到后续的训练计划能否顺利执行。

有关机能恢复的生理学评价指标如表 5-3 所示。

表 5-3　机能恢复的生理学评价

指　标	最佳身体状态评价
心率	回归安静后，心率逐渐正常
血乳酸	训练后，血乳酸消除快
血尿素	次日恢复正常值
尿蛋白	训练后 4 小时或次日消失
主观体力感觉	12 级以下
自我感觉	各方面均感觉良好

（三）过度疲劳

疲劳是运动训练的正常反应，但过度疲劳却会导致机能水平的衰减，甚至会使运动员产生"厌训"情绪。因此，把握疲劳的"度"，就显得十分重要。

过度疲劳涉及的生理学评价指标如表 5-4 所示。

表 5-4　过度疲劳的生理学评价

指　标	评价方法
心率	晨脉＞108％正常值
哈氏台阶指数	下降 10％以上
血红蛋白	低于正常值下限
尿蛋白	训练后，比往常增高 3～5 倍
反应时	明显延长

续表

指　标	评价方法
主观体力感觉	18级以下
自我感觉	状态较差

(四)赛前机能水平

在赛前,运动员的身体机能是否能够恢复到正常状态,不仅会直接影响运动员的成绩,还能够反映出训练计划的合理与否。

赛前机能水平涉及的生理学评价指标如表 5-5 所示。

表 5-5　赛前机能水平的生理学评价

指　标	最佳身体状态评价
哈氏台阶指数	处于最高水平
血红蛋白	
无氧功值	
反应时	处于最高水平
血睾/皮质醇	水平较高
自我感觉	状态良好

二、排球运动中的运动性疲劳

(一)极限强度练习时的疲劳

在进行极限强度练习时,人体肌肉中的血乳酸含量会明显增加,而这正是引起肌肉疲劳的原因之一。

(二)极限下强度时的疲劳

当训练强度达到极限时,运动员的氧吸收量也会随之达到极限,从而引发皮质的兴奋与抑制。

（三）长时间动力性活动的疲劳

运动员在长期训练后,其中枢神经系统的兴奋与抑制会在一定程度上破坏皮质神经的动力过程,进而导致长时间动力性活动疲劳的出现。

（四）静止用力时的疲劳

在排球比赛中,如果运动员长时间处于紧张状态,其相应的皮质中枢必然会陷入长时间的兴奋。此时,就会出现保护性抑制的现象,而这种现象很容易引发局部肌肉的疲劳。

（五）过度训练

当运动员承受的负荷过大,且无法在训练后得到及时恢复,就会出现过度训练问题。

过度训练会使运动员面临睡眠障碍、头痛、烦躁、食欲下降等问题,严重时,还会造成胃肠道功能紊乱、肌肉僵硬且持续酸痛、腹泻、低热等。

三、排球运动员疲劳诊断的方法

（一）教学观察与自我观察法

教学观察是指教练员依据运动员在训练时的外在表现,对其身体状况进行判断的方法。

自我观察即运动员基于自身的感觉,判断自己是否疲劳的方法。判断依据可参考表5-6。

表 5-6　对疲劳程度的自我判断依据

内　容	轻度疲劳	中度疲劳	重度疲劳
自我感觉	没有不适	肢体酸痛	头痛,反胃
呼吸	略有加快	明显加快	速度很快,且节奏紊乱
注意力	十分集中	容易被分散	心不在焉,反应迟钝
面色	稍红	很红	苍白,发紫
动作	稳定	不够协调	极不协调

续表

内　容	轻度疲劳	中度疲劳	重度疲劳
排汗量	较少	较多	极多
运动成绩	未下降	有所下降	明显下降

(二)生理机能检查法

1.脉搏检查法

在正常情况下,脉搏在每分钟的变化幅度应为 2~6 次。如果其频率变化超过 10 次/分钟,就说明机体反应不佳;除非这种现象是由疾病引起的,否则就说明运动量过大,有必要加以调整。

2.呼吸肌耐力测定法

连续测三次肺活量,并对运动前后的测量结果进行比较。当运动员感到疲劳时,其肺活量往往会有所下降。

3.肌力检测法

如果运动员在训练后,其肌肉力量反而有所下降,就说明其机体已经产生疲劳;若力量持续下降,则说明疲劳程度很深。

4.平稳能力测定法

运动员可闭上眼睛,做"金鸡独立"动作。如果其机体产生疲劳,平稳能力就会下降,站立的时间也会随之变短。

5.血红蛋白检测法

如果运动员的身体机能较为良好,其血红蛋白就会增加或保持正常。一旦血红蛋白下降 10%,且运动机能也随之变弱,就说明运动员当前已处于疲劳状态。

6.尿蛋白检查法

经过长时间训练后,尿中出现蛋白是一种正常现象。但如果尿蛋白的含量持续增加,且 24 小时后仍未恢复正常,就说明运动量过大。

四、有关疲劳消除的研究

有关运动疲劳及其消除的研究,已有近百年的历史。对此进行研究,主要是为了找出消除疲劳的最佳方法。

当机体处于疲劳状态时,身体各部位的系统机能都会发生不同程度的改变,有些改变甚至超出了正常范围。

在运动训练的过程中感到疲劳是正常的。面对疲劳,运动员应科学地对疲劳程度加以判断,以免正常的疲劳演变为过度疲劳。

五、运动员消除疲劳的手段

对运动员来说,有利于消除疲劳的常用手段主要包括以下几种:

(一)睡眠

在消除疲劳的各种方式中,睡眠可以说是最易操作的一种。运动员应严格遵守教练员制定的作息安排,保证充足的睡眠,并尽可能地争取午睡的时间。

(二)积极性休息

积极性休息对因高强度训练、激烈的比赛而引起的疲劳具有明显的缓解作用。常用的积极性休息手段包括散步、下棋、观看演出等。

(三)按摩

按摩是消除运动性疲劳的、见效最快的一种方法。按摩的作用并不局限于对全身或局部进行放松,还兼具损伤治疗的价值。

较为常用的按摩方式有振动按摩、水力按摩等,这些都对消除肌肉酸痛具有明显效果。

(四)物理疗法

在训练后,运动员可进行淋浴或局部热敷,这同样有助于消除疲劳。

需要注意的是,在淋浴时,水温不宜过高,保持 40℃ 左右即可。淋浴的时长则最好控制在 15～20 分钟。温水浴不仅可以放松肌肉、消除疲劳,还具有良好的镇定作用,同时有助于促进血液循环。

热敷有助于减少酸性代谢物的堆积,从而缓解肌肉僵硬。在热敷时,温度应保持在 47℃左右,时长 10 分钟即可。

第四节　损伤康复训练

运动损伤会直接影响运动员的后续训练和参加比赛,因此,当运动员的身体遭受损伤后,必须尽早采取措施,加快其身体的恢复,以免对运动员的职业生涯产生不利影响。

一、排球运动中的常见损伤

(一)产生损伤的原因

排球运动员的运动损伤,总体上可归咎为以下几点:

第一,设备场地不合理。比如,鞋子太紧,导致脚上起泡;场地太滑,造成踝关节扭伤。

第二,技术动作设计得不科学。

第三,运动员体质差。拥有良好的身体素质,将大大降低受伤的概率。

第四,运动负荷超出了可承受的极限。

(二)竞技排球中的常见损伤

1.擦伤

擦伤一般由皮肤的急剧摩擦导致。

运动员在擦伤后,应先清洗创面,再用无黏性的绷带包扎。如果创口面积较小,则只需用消毒水加以清洗,再涂抹碘酒即可。

2.水泡

水泡是一种由挤压、湿气等原因造成,常见于足部的皮下淤水小泡。要想避免脚上出现水泡,选择合脚的鞋子是第一步。判断鞋子的大小是否合适,要看在穿上后,脚后跟能否放下一根手指。

3.扭伤

当运动员的动作过于迅速时,就容易扭伤。在扭伤后,运动员应立即停止运动,并及时就医。

4.跟腱炎

跟腱炎是一种因运动时间过长,导致跟腱负担过重而引发的炎症。患上跟腱炎后,运动员会在抬脚时感到疼痛。而要想预防跟腱炎,运动员就必须在训练前或比赛前做好充分的准备活动。

5.跟腱断裂

造成跟腱断裂的常见原因如下:①在准备活动不充分的情况下,参加训练或比赛;②经常做急停、急转等动作;③跟腱、韧带过度疲劳。

运动员一旦确认自己跟腱断裂,就要立即停止运动,并用冰水冷却患处。此外,还要固定踝关节,抬高患肢,由他人送往医院就诊。

6.腰痛

造成腰痛的原因大致包括以下几种:
第一,脊柱畸形,加之负荷过重。
第二,腰部的肌肉过度紧张。
第三,腰椎间盘突出。

7.肱骨外上髁炎

肱骨外上髁炎主要是由突然伸展肘关节附近的肌腱,导致其嵌入肱骨外上髁引起的,其最常见的症状为发力时的肘部疼痛。

在患上肱骨外上髁炎后,要先用冰块冷敷、按摩,再用绷带固定肘关节。

8.肩关节痛

发球时用力过猛,导致肩关节软组织的负荷量过大,是造成肩关节痛的原因之一。肩关节痛最易在发球、击球时出现,并导致手臂痉挛。运动员一旦感到肩关节痛,就要立即停止训练或比赛。

9.肌肉痉挛

导致肌肉痉挛的主要原因如下:①体力透支;②出汗过多,盐分过度流失;③冷刺激强烈,导致肌肉僵直、抽搐。

肌肉痉挛时,会伴有明显的疼痛感与僵硬感。

10.肌肉拉伤

不同部位的肌肉,其损伤原因存在一定的差异。相对容易拉伤的肌肉有背部肌肉、腹部肌肉、肱三头肌等。

肌肉产生轻微的撕裂感,是肌肉拉伤的典型症状之一。

11.踝关节扭伤

造成踝关节扭伤的原因大致如下:①准备活动不够充分;②在运动过程中,发生突然、剧烈的转向;③踩到球。

踝部扭伤后,运动员会感受到剧烈的疼痛,并伴有肿胀现象。

12.半月板损伤

半月板突出甚至变形,同时伴有剧烈疼痛,是半月板损伤的基本症状。一旦发生损伤,运动员应立即包扎后就医。

二、排球运动员损伤的护理与恢复

(一)损伤护理的阶段划分

损伤护理的阶段划分,通常依据的是组织内出血的程度,具体可分为以下三个阶段:

1.急性期(0~24小时)

运动员从受伤到停止出血,一般需要0~24小时。不过,及时、恰当的处理将大大缩短这段时间。

2.中期(24~48小时)

在一般情况下,在受伤后的24~48小时内,伤口很容易再次出血。如不采取正确的措施,仍有可能再次出现急性期的症状。

3.后期(48小时以上)

在伤后48小时以后,出血一般会完全停止,且不容易发生反复。此时,软组织也将逐渐愈合。

（二）紧急处理与急救

受伤运动员能否重返赛场,往往取决于第一个对其进行伤势诊断的人。在医务人员不在场的情况下,这一任务就需由教练员承担。如果教练员无法判断,最好先让运动员休息。

1.紧急情况的处理

处理运动损伤是一项非常专业的任务。在专业的医护人员到来之前,教练员不可轻易作出任何处置,但可以为运动员提供通风、控制出血等服务。

在辅助检查时,教练员应具备判断损伤的性质(急性或慢性)、损伤的部位(软组织或非软组织)等能力,这对提供合理急救是极为有效的。

2.损伤处理

在协助损伤处理时,教练员应参考以下原则:
（1）休息
使运动员的受伤部位保持静止状态。
（2）冷处理
将冰块直接或间接地放在伤处的皮肤上。如果冰块需要直接接触皮肤,则应使冰块圆周滑动,以免引起冻伤。
（3）加压
教练员可通过缠绕消毒的方式进行加压,或直接用手对伤处进行加压。
（4）抬高
将伤处抬高至高于心脏的位置。比如,让腿部受伤的运动员仰卧,并用支撑物把其伤腿托起。

3.应急处理计划

应急处理计划应包含以下内容:①一个急救药箱(所含物品如表5-7所示);②基本的急救知识;③应急行动计划。

表 5-7　急救药箱应有的物品

物品类型	具体物品
橡皮膏、绷带	橡皮膏(2 英寸×3 英寸)
	橡皮膏(2 英寸×6 英寸)
	弹性绷带(2 英寸×3 英寸)
	三角巾
	药棉卷
	氧化锌胶布
清洁剂、敷药	纯净水
	消毒液
	过氧化氢
	棉签
	无黏性绷带
	纱布
其他物品	保险针
	剪刀
	一次性手套
	体温计
	洗眼杯
	碳酸铵

4.对受伤运动员的安置

对排球运动员来说,如果其长期处于受伤状态,很有可能对自己能否重返赛场感到疑虑。此时,教练员能否提供有效的帮助,就显得尤为重要。

具体来讲,教练员应做到以下几点:

第一,使运动员确信伤情会有所好转。

第二,通过打电话、登门拜访等方式,与运动员保持联系。

第三,发挥榜样的作用,带领伤员与有过类似损伤但已恢复的运动员进行接触。

第四,指导运动员活动未损伤的部位。

第五,修订运动员的年度计划:①重新制定比赛计划与训练计划;②制定合理的身体训练计划;③重新树立训练目标。

5.受伤后的恢复

(1)影响恢复的因素

影响运动创伤恢复速度的因素主要包括以下几种:①受伤的类型与程度;②治疗的方法与次数;③个体差异。

(2)运动员的伤后恢复

教练员必须在确保运动员完全恢复后,才能允许其重返球场。完全恢复的标准具体如下:

第一,疼痛消失。

第二,不再对患有伤病怀有恐惧心理。

第三,伤处的力量已基本恢复,不再影响对动作的完成。

如果教练员无法确定运动员能否重新训练,最稳妥的方式还是询问队医。以上标准仅作参考。

第六章　排球竞赛的组织与实施

排球竞赛是指参赛双方按照一定的规则,在被球网分开的指定区域内,以战胜对手为直接目标的比赛形式。排球竞赛的组织与实施,必须有章可循。本章将首先介绍排球竞赛的组织机构及其职能,其次概述排球竞赛的管理与规程,而后分析排球竞赛规则的演变,最后介绍组织排球竞赛的方法。

第一节　排球竞赛的组织机构及其职能

一、排球竞赛的组织机构

在正式举办排球竞赛之前,主办方应先按照规定,成立组织委员会,作为排球竞赛的权力机构,这也是为了保证相关工作的顺利开展。

排球竞赛的组织结构可根据现实情况,拥有不同的规模。在一般情况下,大型竞赛的组织委员会由如图 6-1 所示的机构构成,小型竞赛的组织委员会则可以适当精简。

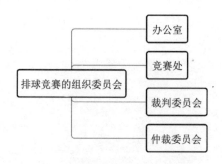

图 6-1　排球竞赛的组织委员会

在组织排球竞赛时,主办方如果运用的是主客场制,就应当成立两个层次的组织机构,分别是联赛组织委员会、赛区委员会。

二、排球竞赛组织机构的职能

(一)组织委员会

组织委员会作为排球竞赛的最高领导机构,对竞赛拥有决策权与控制权,同时也必须履行保护人、财、物、信息的职责。

在开展工作的实际过程中,组织委员会不仅要充分调动参与者的积极性,还要注意把握竞赛的复杂性、多变性,从而在动态中做好组织工作。

组织委员会的职责,具体如图 6-2 所示。

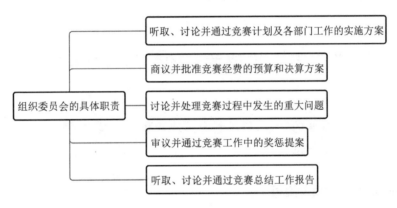

图 6-2　组织委员会的具体职责

(二)竞赛处

竞赛处这一机构,主要承担以下职责:

第一,组织、安排竞赛。

第二,登记、公布成绩。

第三,组织裁判长、领队、教练员联席会议。

第四,组织开幕式、闭幕式。

第五,颁发奖品。

(三)办公室

办公室作为组织委员会下设的办事机构,其负责的大多为行政事务,包括会议、接待、食宿、医疗、保卫等。

（四）仲裁委员会

仲裁委员会作为排球竞赛的仲裁机构,其基于组织委员会的领导,承担以下职责:

第一,复审比赛期间执行的竞赛规则。

第二,处理在比赛过程中出现的纠纷。

第三,确保竞赛规则在执行过程中的正确性。

（五）裁判委员会

裁判委员会的主要工作均与裁判员有关,具体包括以下几项:①选调;②培训;③安排临场工作;④进行业务评定。

第二节 排球竞赛的管理与规程

加强对排球竞赛的管理,科学制定排球竞赛的规程,对排球竞赛的成功组织具有至关重要的意义。

一、排球竞赛的管理

对排球竞赛的管理,主要体现在以下两个方面:

（一）竞赛场地与器材的准备

在排球竞赛中,场地、器材是必不可少的两大要素。竞赛组织者必须确保场地合规、器材充足。具体来讲,要做到以下几点:

第一,按照竞赛要求,全面准备、认真检查场地和器材。

第二,如果场地在室外,要针对天气因素,做好应急预案。

第三,各类器材(包括球、球网、标志杆等)均需准备相应的备用品,以便在器材损坏时能够及时更换。

（二）竞赛工作中的管理与教育

从本质上讲,排球竞赛是一项社会活动,离不开人的参与。有人的地方,就必须有管理与教育,否则社会秩序将难以维持。同样,为营造良好的竞赛环境,必须加强对排球竞赛参与者的管理与教育。

排球竞赛的价值,一方面体现在为排球运动的发展培养后备力量上,另一方面则是为了推动群众体育活动的普及。为实现这些价值,排球竞赛的管理与教育工作就要尽早着手。比如,在竞赛开始前,对运动员进行竞赛宗旨教育,并明确其必须遵守的规定。如有必要,也可以通过设置奖项(如精神文明奖)的方式,予以适当激励。

二、排球竞赛的规程

排球竞赛规程作为排球竞赛的指导性文件,是主办方组织竞赛、运动员参加竞赛、裁判员开展工作的重要依据。

(一)制定规程的依据

1.排球竞赛计划

排球竞赛规程的制定,通常依据的是由排球协会(专业的大型排球比赛)、学校(校内举办的小型排球比赛)制定的竞赛计划。至于规程提及的具体内容,则可以根据竞赛的目标与要求,予以补充或修正。

2.排球竞赛的目标与任务

排球竞赛规程的制定,应以排球竞赛的目标与任务为参考,以高效完成排球运动的长远发展规划。

排球竞赛的目标与任务,具体包括以下几点:

第一,提高排球运动的技战术水平。

第二,培养排球竞技后备人才。

第三,普及、推广排球运动。

第四,开展全民健身活动。

此外,排球竞赛的目标与任务,有时也与相关单位的具体规定、排球竞赛的实际需求息息相关。

3.客观实际条件

在制定排球竞赛规程时,主要依据的是以下条件:

第一,排球运动在国内外的发展趋势。

第二,当今社会对排球竞赛的实际需求。

第三,排球比赛所需的经费、场地、设施、人员等条件。

(二)制定规程的原则

为确保排球竞赛规程能够顺利落实,在制定规程时,必须遵循一定的原则,以增强规程的科学性。

1.可行性

作为组织、参加排球竞赛的重要依据,排球竞赛规程所涉及的方案与内容都必须从实际出发,具备切实的可行性。

在制定规程时,要着重考虑以下几点:

第一,对人力、物力、财力进行合理配置。

第二,在制定竞赛办法、奖励办法时,要考虑不同年龄组之间的差异。

第三,在进行比赛分组时,要考虑运动员的年龄特点、实际水平。

2.公正性

排球竞赛规程需要全体参与者共同遵守。相对应地,规程的内容也应确保全体参与者都能在相同的条件下展开公平竞争。只有当竞赛规程足够公正时,排球竞赛才能真正达到优胜劣汰的效果,排球运动才能获得健康发展。

3.合理性

合理性原则可细分为三层含义:一是理性;二是客观性;三是适度性。

具体来讲,在制定排球竞赛规程时,要从多个角度(如组织、编排、形式、方法等)体现出竞赛的合理性,以帮助运动员提高技战术水平,同时确保竞赛的顺利进行。

此外,竞赛规程的合理性还表现在语言层面。竞赛规程的语言应做到简洁、准确、条理清晰,切忌含糊、矛盾。

(三)制定规程的内容

在制定排球竞赛规程时,对具体内容的选择,主要取决于排球竞赛的目标与性质。排球竞赛规程的内容一般包括以下几点:

1.竞赛的名称

竞赛的名称一般取决于竞赛的性质。名称应当显示出竞赛的举办年份、举办届次、性质。

在赛程期间,一切文件、材料、会标的名称都应与竞赛名称保持一致。

2.竞赛的目的与任务

要根据排球竞赛的总体目标,简要说明本场比赛的目的与任务。比如,增强国民身体素质,普及排球运动,促进友谊与团结等。

3.竞赛的时间、地点、单位

在竞赛规程中,要写明以下几点:①比赛开始、结束的具体日期;②排球比赛的举办地点;③排球比赛的主办单位。

4.参赛办法

参赛办法涉及的内容具体如下:
①报名截止时间。
②对运动员在身体方面、能力方面提出的标准。
③各队运动员的参赛人数。
④工作人员(包括教练员、队医等)的数量。
⑤报到的时间、地点。
⑥往返交通费、食宿费的负担办法。
⑦对运动员进行调整、替换的办法。

5.竞赛办法

竞赛办法涉及的内容具体如下:
①竞赛的具体编排原则与方法。
②抽签的时间、地点。
③确定决定名次及计分的办法。
④对运动队违规行为的处罚方法。
⑤对比赛所需器材、服装的规定。

6.竞赛规则

竞赛规则既包含对本场比赛所用的规则的阐述,也包括对竞赛规则之外的情况的说明。

7.录取名次与奖励

在"录取名次与奖励"部分,一般会包含以下内容:
①录取名次。优胜队伍应获得相应的奖励。

②针对体育道德风尚奖的奖励办法。

③技术类奖项的评选办法、名额、所获奖励等。

8.报名与报到

对"报名与报到"的规定,具体包括以下几点:

①报名的截止时间。

②书面报名表的投寄单位。

③违反报名、报到规定的处理办法。

④在报到时,应当携带的材料、物品。

9.裁判委员会与仲裁委员会

对"裁判委员会与仲裁委员会"的规定,通常包括以下几点:

①裁判长(员)的选派办法、名额分配依据。

②裁判员的资格、等级要求。

③裁判员的赛前准备工作。

④仲裁委员会的人员构成。

10.注意事项

注意事项通常包含赛区的食宿条件与标准、交通费的开支办法等内容。如有其他需要补充的内容,可由组委会进行修订、完善,只需在正式比赛之前下达至参赛单位即可。

11.解释权

对排球竞赛规程的制定应当"留有余地",且最终的解释权应归属于组织委员会。

第三节　排球竞赛规则的演变

回顾排球运动的发展历程,其经历了由简入繁、日渐科学化的演变。而在这一过程中,排球竞赛的规则也在不断修改、完善,以更加符合人体发展规律和排球运动的发展需求。

一、早期排球规则发展简况

自从制定了专业化的排球竞赛规则后,排球比赛开始呈现出规范化的发展趋势。然而,随着时代的发展,以及排球运动自身的不断优化,以往的某些规则已不再适用于后续的排球比赛。因此,只有因时制宜地对排球规则加以完善、修改,才能推动排球运动的持续前进。

1900 年,人们对排球运动的比赛规则作出了首次修改,具体涉及的条款如下:①将球网的高度改为 2.32 米;②比赛(每场)采用 21 分制;③端线、边线同样属于球场;④一次发球制,即一人不可连续发球 2 次。上述规则的变动获得了天主教青年会的认可,正式的排球规则也随后出版。也正是在 1900 年,排球运动开始传入加拿大。

从 1910 年起,截至 20 世纪 40 年代,排球竞赛的规则被频繁改动,下面将对此进行简单介绍。

1912 年,比赛要求场上队员轮转位置,且球场的面积被扩大为 10.7 米×18.3 米,球网的高度变为 2.3 米。

1916 年,比赛开始采用三局两胜制。

1917 年,球网的高度被升至 2.44 米,球的质量应为 226.4～283 克。同年,还规定了“禁止持球、连击”。

1918 年,参赛双方的人数被确定为 6 人。男子排球比赛所用的球网,其高度为 2.43 米。

1921 年,规定设置场地中线。

1922 年,球场面积变更为 18.19 米×9.14 米。此外,还明确规定了“每支队伍最多连续击球 3 次”,同时还设置了后排进攻限制线。

1923 年,球场面积再次变更,变更后的面积为 18 米×9 米。

1938 年,允许拦网阻挡。

1941 年,胸部以上的身体部位均可触球。强劲扣杀中的持球行为,不再被视作犯规行为。

总的来看,对早期规则的修改,主要表现为对不完善条款的补充,其旨在保留排球运动的特性,使之适应排球技战术的发展。

二、国际排球联合会成立后的规则发展

1947 年,国际排球联合会的成立,使排球运动实现快速普及,运动水平也明显提高。世界各国及相应的国际组织纷纷举办各式各样的排球比赛,

比赛规则也在不断更新。

截至 20 世纪末,可将排球规则的发展划分为以下三个阶段:

(一)成熟阶段

从 1947 年至 1964 年,可被视作规则发展的成熟阶段。在这一时期,对排球比赛规则作出的修改,主要包括以下几点:

1947 年,允许前排队员在发球后换位。

1948 年,规定了发球区。

1951 年,允许场上队员在发球后换位,并规定了进攻线。

1952 年,取消"暂停 3 次"。

1957 年,换人的次数被限制为 4 次,而每次因换人而暂停的时间,则被限制为 30 秒。

1961 年,换人的次数更改为每局 6 人次,且不再限制换人的时间。

在这一阶段,我国的排球运动开始正式与国际接轨,所执行的排球比赛规则也是国际统一的。具体来讲,1950 年,我国首次对由国际排联制定的 6 人制规则进行详细介绍;1951 年,则正式出版了 6 人制排球竞赛规则。

(二)完善阶段

从 1965 年至 1984 年,可被视作规则发展的完善阶段。在这一时期,对排球比赛规则作出的修改主要包括以下几点:

1965 年,允许前排队员过网拦网。

1968 年,在距离标志带 20 厘米的位置设立标志杆。球无论是触到标志杆,还是从标志杆外过网,都将被视作犯规。

1976 年,拦网触球后,可再击球 3 次。

1984 年,取消"首次击球时连击"的规定。

(三)改革阶段

从 1985 年至 20 世纪末,可被视作规则发展的改革阶段。在这一时期,对排球比赛规则作出的修改主要包括以下几点:

1988 年,决胜局采用每球得分制;对于延误比赛的情形,将增加判罚;每两局之间休息 3 分钟;每局比赛最高可得 17 分。

1992 年,在无障碍区,可将球救回;在前四局中,17 分为最高限分;决胜局 14 平时,必须领先 2 分;同一队伍的成员,服装颜色必须统一;膝部及其以上部位均可触球;上衣号码为 1~18 号;发球队员须在鸣哨 3 秒内,将球发出;严禁携带有助于加力的物品。

1994 年,首次击球时,不同部位可在同一击球动作中连续击球;端线外无障碍区为 9 米,边线外无障碍区为 6 米;在进行非攻击性击球时,允许触网;身体任意部位均可触球;对持球的要求有所放宽。

1996 年,对判罚等级作出了修改;增加了有关"技术暂停"的规定;提出了"手、脚过线"的概念;进攻限制线朝两侧延长 1.75 米。

1998 年,增设了自由防守队员;放宽了对于触网的要求;设置判罚区,增加延误判罚;实行每球得分制;球的颜色既可一色,也可彩色;对不良行为的判罚等级作出修改;在限定区域内,教练员有权走动。

三、排球竞赛的近年改革与现行规则

进入 21 世纪后,排球竞赛的发展势头更加迅猛,国际排联也加快了改革的步伐。下面将首先介绍近年来修改的排球竞赛条款,而后分析新规则对排球运动发展的影响。

(一)近年来修改的主要条款

近年来,对排球竞赛相关条款作出的修改,主要包括以下几点:
①允许球接触身体的任何部位。
②放宽持球、连击的尺度。
③放宽对拦网、碰网的判罚尺度。
④增加自由防守队员。
⑤减小球的气压。
⑥允许教练员在指定区域内走动,并参与场外指导。
⑦实行每球得分制。
⑧增加技术暂停。
⑨使用彩色球。
⑩取消发球试图。

(二)新规则对排球运动的影响

1.自由人的运用

新的排球竞赛规则十分重视对自由人的运用。
所谓"自由人",指的是赛场上的自由防守队员。自由人在上场时,会身

着不同于其他队员的服装(颜色不同)。当出现"死球"时，自由人无需裁判同意，便可与后排队员进行替换，参与接发球、防守等行为，不过，其无权进行发球、进攻。

从排球竞赛的历来经验可知，排球运动中的进攻行为一般都始于接发球和防守。自由人的职责则是对接发球、防守等行为加以优化，以促成进攻的实现。经调查、统计可知，一个技术水平较高的自由人能够接到至少60％的发球，且到位率极高，这对进攻战术的运用是极为有利的。

从某种意义上讲，自由人承担着整支队伍中最为艰巨的防守任务，其防守能力必须足够出色。在比赛实践中，一些队伍会以自由人的防守能力为依据，有针对性地设计拦防战术。具体来讲，拦网者负责拦截那些由防守能力较差的队员防范的区域，至于那些难以拦截的区域，则交由自由人进行防守，这将有利于提高队伍的整体防守能力。

简而言之，作为对排球竞赛规则加以修改后的产物，自由人的存在大大提高了球队在接发球、防守等方面的水平，对实现攻守的相对平衡也是极为有效的，同时还增强了比赛的可看性。毫不夸张地说，对自由人技战术的运用水平，将直接影响队伍的整体实力。

2.对运动员的要求更高

自1999年开始实行每球得分制起，排球竞赛的激烈程度明显提高，用"白热化"形容亦不为过。在赛场上，参赛双方的比分往往交替上升，不到最后一刻，很难判断哪一方终将获胜。这种悬念迭生的比赛状态，在增强比赛的吸引力的同时，对运动员的各方面能力也提出了极高的要求。

排球比赛比的不仅仅是运动员对排球运动技战术的掌握情况，还涉及体能、智力、心理素质等各方面的比拼。在比赛过程中，尤其是在比分"你追我赶""紧咬不放"的情况下，任何失误都有可能造成局势的逆转，进而影响最终的比赛结果。而在比赛的关键时刻，运动员能否合理、高效地运用技战术，往往就在一念之间。显然，这不仅要求运动员熟练掌握技战术，还要求其灵活机动、随机应变。而要想达到这一水平，运动员就要做到技术全面、敢打敢拼，同时还要确保体力的充沛。只有这样，运动员才能在"赛点"上避免失误，并发挥自身在团队中应有的作用。

第四节　排球竞赛的方法

排球竞赛的方法即以竞赛的任务、要求等为依据,在遵守排球竞赛规则的前提下,为夺得比赛胜利而选择的一种最有利的比赛方法。在排球竞赛中,最常用的方法有循环法、淘汰法、混合法等。

一、循环法

所谓"循环法",强调的是"循环",其致力于让所有参加比赛的队伍均能在整场比赛或同组比赛中相遇。而后再根据每支队伍胜或负的场数,按照一定的标准,进行名次排序。

在所有参赛队均能相遇的前提下,比赛一场的被称作"单循环",比赛两场的被称作"双循环",比赛三场及以上的被称作"多循环"。而当比赛时间有限、参赛队伍数量较多时,一般会将参赛队伍划分为若干小组,而后分别进行单循环,这种比赛方式通常会被称作"分组循环"。下面将分别对单循环、双循环、分组循环进行介绍。

(一)单循环

在排球竞赛中,单循环是较为常用的比赛方法之一,其适用于4~8支参赛队伍的情况下,有时也会出现在运用混合法时的第一、二阶段。

单循环的本质,是参赛队伍在整场比赛中,会彼此相遇一次。这就决定其适用于参赛队伍数量不多且比赛时间足够充足的情形。

1.轮次与场数的计算

(1)比赛轮次

在循环赛中,每支队伍均参加完一场比赛后,即进行了一轮比赛。

当参赛队伍的数量为双数时,比赛轮次＝队数－1。比如,当有6支队伍参加比赛时,比赛的轮次就为5轮。

当参赛队伍的数量为单数时,由于在每轮比赛中,都会有一支球队轮空,因此,比赛轮次与队伍数量是相等的。比如,当有5支队伍参加比赛时,比赛轮次亦为5轮。

（2）比赛场数

单循环比赛的场数，可用以下公式计算：

比赛场数＝队数×（队数－1）÷2

比如，当有 5 支队伍参加比赛时，比赛场数＝5×4÷2＝10（场）；当有 6 支队伍参加比赛时，比赛场数＝6×5÷2＝15（场）。

2.编排方法

在确定单循环赛的顺序时，通常运用的是"轮转法"，具体又可划分为以下两种方法：

（1）逆时针轮转法

在运用逆时针轮转法之前，需先对参赛队伍进行编号，并加以排序。排序的依据既可以是上一届比赛的名次，也可以运用抽签法。

当排序完成后，就要按照编号，将参赛队伍均分为左右两列。其中，左边一列要依次从上往下排，右边一列则要按依次从下往上排。随后，将两列相对的编号用横线联结起来，最终形成的就是会在第一轮比赛中相遇的队伍。

如果参赛队伍的数量为双数，那么从第二轮起，除了 1 号固定之外，剩下的编号就要沿着逆时针轮转一个位置，再用横线将相对的编号进行联结，据此排列出各轮次的比赛顺序。比如，当有 8 支队伍参加单循环比赛时，其编排顺序可参考表 6-1。

表 6-1　单循环赛的顺序编排（8 支队伍）

第一轮	第二轮	第三轮	第四轮	第五轮	第六轮	第七轮
1—8	1—7	1—6	1—5	1—4	1—3	1—2
2—7	8—6	7—5	6—4	5—3	4—2	3—8
3—6	2—5	8—4	7—3	6—2	5—8	4—7
4—5	3—4	2—3	8—2	7—8	6—7	5—6

当参赛队伍的数量为单数时，既可以使用将 0 号排在末位的"补位法"，也可以使用将 0 号排在首位的"占位法"。

在轮转时，如遇到 0 号位的队伍，即为轮空队。自第二轮开始，1 号位（补位法）或 0 号位（占位法）保持不变，剩下的编号则沿逆时针轮转一个位置，如此排列的便是下一轮比赛的顺序。

以 5 支参赛队伍为例，运用 0 号补位法排列的顺序如表 6-2 所示。

表 6-2　0 号补位法的顺序编排（5 支队伍）

第一轮	第二轮	第三轮	第四轮	第五轮
1—0	1—5	1—4	1—3	1—2
2—5	0—4	5—3	4—2	3—0
3—4	2—3	0—2	5—0	4—5

运用 0 号占位法排列的顺序如表 6-3 所示。

表 6-3　0 号占位法的顺序编排（5 支队伍）

第一轮	第二轮	第三轮	第四轮	第五轮
0—5	0—4	0—3	0—2	0—1
1—4	5—3	4—2	3—1	2—5
2—3	1—2	5—1	4—5	3—4

在比赛过程中，具体应当选择补位法还是占位法，主要取决于队伍编号的确定方法。如果在确定编号时，依据的是上一届的比赛名次，那么就需运用补位法，为的是使上一届的冠军队能够在首轮轮空，从而增强比赛的悬念感与刺激性。如果是用抽签的方式确定的编号，那么使用补位法、占位法均可。

（2）贝格尔编排法

贝格尔编排法是一种常见于国际性排球比赛的编排方法，始于 1985 年，主要作用是弥补逆时针轮转法的不足。

当参赛队伍的数量为单数时，贝格尔编排法能够有效规避第二轮的轮空队从第四轮起，每场都与前一轮的轮空队进行比赛的不合理之处（这也正是逆时针轮转法的不足）。

从第二轮开始，贝格尔编排法的实际操作可大致分为三个步骤。

第一，最大数字（或参赛队为奇数队时的 0）按照左右规则，移动摆放在第一行的左边或右边。如此数字在第一轮位于右边，那么第二轮就要摆到左边，第三轮再移至右边，以此类推。

第二，将上一轮右下角的数字提至本轮第一行，使其与最大数字（或 0）相对应。

第三，其他数字依次按照从上一轮右下角提至第一行的这个数字的前后顺序，进行逆时针转动，并将其排入对应的位置。

如表 6-4 所示，当有 7 支队伍参加比赛时，按照贝格尔编排法，应作出如下编排。

表 6-4   贝格尔编排法的运用(以 7 支队伍参赛为例)

第一轮	第二轮	第三轮	第四轮	第五轮	第六轮	第七轮
1—0	0—5	2—0	0—6	3—0	0—7	4—0
2—7	6—4	3—1	7—5	4—2	1—6	5—3
3—6	7—3	4—7	1—4	5—1	2—5	6—2
4—5	1—2	5—6	2—3	6—7	3—4	7—1

3.单循环赛日程的编排

对竞赛日程进行合理编排,是排球竞赛组织工作中的一个重要环节。具体来讲,应遵从以下步骤:

①根据参赛队伍的数量,计算所需场地的面积。

②根据各队的比赛强度,排列比赛顺序和轮次。

③设计有利于解决编排时的矛盾的方法,并据此制定完整的编排方案。

④召开会议,公开编排方案、竞赛日程等内容。

⑤如需运用抽签法排列序号,就要提前准备好与参赛队伍数量相同的签号,再组织领队参与抽签。

⑥按照抽签结果,将队伍名称填写到轮次表的相应位置。

⑦标明比赛的日期、具体时间、场地,以及各队应身着的服装的颜色。

4.单循环赛编排的平衡问题

在编排单循环赛的竞赛日程时,应考虑到编排结果的平衡性,即确保对参赛队伍是平等的。

具体来讲,无论是比赛时间、比赛场地,还是服装的穿用,都要确保对各个队伍是相对公平的。比如,要避免同一队伍长期在某块场地、某个时段参加比赛,应对其进行适当轮换。如果在初次编排时便已出现了明显不利于某队的局面,就要对本次编排进行及时调整。

表 6-5 为循环赛编排平衡表,以此为参考,可最大限度地保证编排的合理性,从而避免出现需要返工的情况。

表 6-5　循环赛编排平衡表

队名	比赛场序	比赛轮次	比赛日期	比赛时间	比赛场地		比赛队伍		服装颜色
					1号	2号	主队	客队	
A 队									
B 队									
C 队									
D 队									

（二）双循环

1.双循环竞赛方法

双循环竞赛方法通常适用于以下情形：①参赛队伍数量较少；②比赛时间足够充足；③参赛队伍希望能够通过参加比赛来提高自身的作战水平；④以推广排球运动、扩大排球比赛的影响力为目标。

就目前来看，在全国甲级排球联赛的主客场制比赛中，最常用的方法就是双循环法。

2.双循环赛的编排方法

所谓"双循环"，即每支参赛队伍都会彼此相遇两次，其主要目的并不是夺得比赛胜利，而是增进各队之间的交流，同时使本队得到足够的锻炼。从数量来看，双循环的总场数要比单循环增加一倍。

从编排的角度来看，双循环与单循环并无本质上的区别。双循环一般会在第一循环的比赛结束后，再开始第二循环的比赛（以 7 支队伍为例，编排方式如表 6-6 所示）。

表 6-6　双循环赛轮次编排（以 7 支队伍为例）

循环轮次	第一轮	第二轮	第三轮	第四轮	第五轮	第六轮	第七轮
第一循环	1—0	1—7	1—6	1—5	1—4	1—3	1—2
	2—7	0—6	7—5	6—4	5—3	4—2	3—0
	3—6	2—5	0—4	7—3	6—2	5—0	4—7
	4—5	3—4	2—3	0—2	7—0	6—7	5—6

循环轮次	第一轮	第二轮	第三轮	第四轮	第五轮	第六轮	第七轮
第二循环	1—0	1—7	1—6	1—5	1—4	1—3	1—2
	2—7	0—6	7—5	6—4	5—3	4—2	3—0
	3—6	2—5	0—4	7—3	6—2	5—0	4—7
	4—5	3—4	2—3	0—2	7—0	6—7	5—6

在编排双循环轮次表时,只要排好了第一循环,第二循环就可以按照第一循环的顺序重复一次。不过,也可以通过抽签,重新安排位置。无论选择哪种方式开展第二循环的比赛,都要在竞赛规程中提前做好规定。

(三)分组循环

1.分组循环竞赛方法

当参赛队伍数量较多时,如果选用单循环的赛制组织比赛,将耗费大量时间。在此情形下,可考虑通过分组循环的方式来安排比赛。

分组循环通常包含2～3个阶段的赛程。在第一阶段,一般会按照队伍的实力或各队在往届比赛中的名次来划分小组,分别组织单循环赛。在排出小组内部的名次后,将名次相同的队伍合并为同一小组,并开始进入第二阶段。

2.分组循环赛的编排方法

(1)种子定位的分组方法

将在上一届比赛中成绩较好的队伍作为"种子队",再按照技战术水平,对"种子队"进行排序,序号越小,水平越高。比如,上一届的冠军为1号,亚军为2号,诸如此类。

当排序完成后,运用蛇行编排法,将队伍分别安排到不同的小组中。从理论上来讲,如果各组的序号之和相等,那就说明各组的整体水平不相上下,比赛也就相对公平。

假设共有16支队伍参加比赛,那么就要将其划分为4个小组,具体划分方式如表6-7所示。

表 6-7　分组循环赛的编排(以 16 支队伍为例)

组　别	运动队序号			
一	1	8	9	16
二	2	7	10	15
三	3	6	11	14
四	4	5	12	13

(2)抽签定位的分组方法

在数个参赛队伍中,如果有个别队伍是首次参赛,故而没有历史成绩,又或者队伍内部成员变更明显,那么也可以通过抽签定位的方式来确定分组,具体包含以下步骤:

①选择一次性抽签(一次性决定各队的组别及组内顺序)或两次性抽签(抽签两次,第一次决定组别,第二次决定组内顺序)的方法。

②根据组数、每组包含的队数,制作签号。

③确认参与抽签工作的人员的资格。

④按照抽签的程序,安排工作人员进行操作演练,以免在正式抽签时出现操作上的纰漏。

⑤组织、监督抽签。

⑥根据抽签结果,结合比赛日期、场地等内容,编制竞赛日程表。

二、淘汰法

在参赛队伍较多,比赛时间又整体偏短的情况下,一般会使用淘汰法(包括单淘汰、双淘汰两种形式)组织排球比赛。

比如,沙滩排球比赛的参赛队伍最多可达几十支,但比赛时间往往不到一周,显然,运用循环法是不够现实的。因此,人们往往会选择运用淘汰法。又或者是基层单位组织的小型排球赛,通常运用的也是淘汰法。

下面将对上文提及的淘汰法的两种形式,即单淘汰、双淘汰进行介绍。

(一)单淘汰

简单易行是单淘汰的最突出优势。输掉比赛的人直接被淘汰,赢得比赛的人晋级下一轮比赛,直到完成最后一场冠军争夺赛。

与其他赛制相比,单淘汰赛制涉及的比赛场次是最少的。一轮比赛过后,一半队伍出局;二轮比赛过后,仅剩四分之一的队伍。由此可见,单淘汰适用的是那些队伍多、场地小、时间短的排球赛事。如果比赛时间足够充裕,比赛场地也足够宽敞,最好还是避免选择单淘汰法。

单淘汰竞赛方法的基本流程如图 6-3 所示:按照一定的标准,对所有参赛队伍进行编排,先由相邻两队进行比拼,负者被淘汰,胜者进入下一轮。直至最后一轮,胜者为冠军,负者为亚军。

图 6-3　单淘汰比赛对阵编排

（二）双淘汰

与单淘汰相比,双淘汰主要具备两大优势:第一,如果参赛队伍整体实力较强,但在第一轮比赛中因发挥失误而输掉比赛,双淘汰能够给予其重新出线的机会;第二,双淘汰能够确保每支队伍参加至少两场比赛。不过,双淘汰对比赛场地的要求相对较高。

双淘汰比赛的首轮秩序表,其编排方式与单淘汰基本相同。如图 6-4 所示,参赛队伍根据秩序表的要求,先进行相邻两支队伍之间的比拼,胜者进入下一轮比赛,负者则与相邻的负队展开角逐。如果两场比赛均以失败告终,则为淘汰。在所有比赛中,全胜队伍为冠军,仅负一场的队伍为亚军。

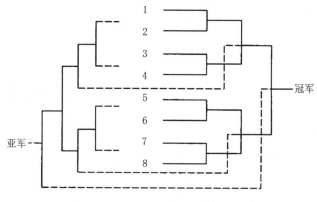

图 6-4　双淘汰比赛对阵编排

三、混合法

所谓"混合法"，其混合的是循环法与淘汰法。将这两种方法结合起来，形成一种新的方法，可以集两者的优势于一体，即在确保能够在短时间内完成比赛的同时，也能相对真实地反映出球队的实际水平。

在运用混合法时，通常会将比赛划分为至少两个阶段。在第一阶段，采用分组循环法；在第二阶段，采用单淘汰法。

如果将比赛划分为四个阶段，那么一般的安排是预赛、四分之一决赛、半决赛、决赛。其中，预赛多为分组单循环赛，四分之一决赛、半决赛则多为交叉淘汰赛。具体选择哪种方法、划分为几个阶段，还需根据实际情况进行全面衡量。

第七章　排球竞赛中的裁判法

裁判员作为排球竞赛的"执法者",其行为将直接关系到比赛结果。为保证竞赛的公平性,裁判法在排球竞赛中必须遵循一定的规则。本章将从以下几个方面介绍排球竞赛中的裁判法:一是介绍排球裁判员的类型与职责;二是介绍排球裁判员的规则执行与配合要求;三是介绍裁判员手势所代表的含义。

第一节　排球裁判员的类型与职责

在排球竞赛中,排球裁判员可细分为第一裁判员、第二裁判员、记录员、司线员等类型。不同类型的裁判员不仅要承担不同的职责,还要在各司其职的前提下,加强彼此之间的配合。这种配合通常表现为以下几点:

一、第一、二裁判员之间的配合

第一裁判员、第二裁判员应率先抵达赛场,对场地、器材进行认真检查,如发现纰漏,必须尽快联系相关负责人。

赛前的抽签仪式、入场仪式通常由两者共同完成。不过,准备活动的时间则一般由第二裁判员决定。

在每局比赛开始之前,第一裁判员都应给予第二裁判员足够的时间,以确认双方队员在场上的位置。

在比赛过程中,第一裁判员的主要职责是关注发球方、进攻方和球网上沿及本侧的犯规行为,第二裁判员则主要负责关注接发球方、拦网方和球网下沿及本侧的犯规行为。第二裁判员直接负责暂停、换人等工作,第一裁判员则需通过预留时间来协助换人程序的顺利进行。如出现换人延误的情况,须在第二裁判员作出指示后,交由第一裁判员进行判罚。

除此之外,第二裁判员在比赛过程中还需注意以下几点:

第一，如果同一队伍暂停了 2 次、换人达 5 人次，要通过手势通知第一裁判员。

第二，如果出现球触及同侧标志杆、从标志杆外过网等情况，要及时鸣哨，并作出手势。

第三，一旦出现同侧的球触手出界、四次击球、背向第一裁判员的连击等情况，要作出仅第一裁判员可见的手势（在胸前做手势）。但如果第一裁判员未看见，就要立刻收回手势，也不可坚持判断。

第四，对于第一裁判员难以看到的界内球，要及时鸣哨，并作出手势。

第五，第一裁判员鸣哨发球后，第二裁判员不可再次鸣哨，允许某队的暂停、换人等请求。

第六，当记录员发现发球次序错误时，第二裁判员要向第一裁判员报告已查明的情况，并交由第一裁判员予以处理。

第七，第一裁判员在说明判罚某队的原因后，需由第二裁判员将结果汇报给记录员。

第八，当场上队员因伤而无法继续比赛时，第二裁判员可依据规则换人。

二、第一裁判员与记录员之间的配合

第一裁判员与记录员之间的配合主要体现在以下几个方面：

第一，第一裁判员要在赛前告知记录员抽签结果。

第二，无论是在每局比赛开始前，还是在换人的时候，第一裁判员都应给予记录员足够的时间，确保其顺利完成核对队员位置、登记换人号码等工作。在完成这些工作后，记录员需向第一裁判员双手示意。

第三，在比赛过程中，如出现任何错误（如比分错误、发球顺序错误、得分错误等），第一裁判员都应给予记录员查明情况的时间。

第四，第一裁判员在针对某队的不良行为，给予处罚或延误判罚时，应通过手势表明当前情况，以便于记录员准确记录。

第五，在决胜局中，当某队得 8 分交换场地时，记录员应及时通知第一裁判员，以促成双方场地的交换。

三、第一裁判员与司线员之间的配合

第一裁判员在与司线员进行配合时，应注意以下几点：

第一，面对界内外球，一般都应信任司线员的判断。

第二,当球落在界线附近时,应先观察司线员的旗示,再作出最终判断。如果司线员未能看清界线附近的球,要先向第一裁判员说明情况,而不可草率进行旗示。

第三,对于球触手出界(尤其是后场区的)的判断,司线员要及时判断,第一裁判员则应信任司线员的判断。

第四,当出现球触及标志杆、从标志杆外及延长线上过网等情况时,第一裁判员在近端应与右边的司线员相配合,在远端则应与左边的司线员相配合。

第五,如出现发球者踏及端线、在发球区外起跳发球等情况,司线员应及时予以旗示,第一裁判员则应时刻关注旗示。

四、第二裁判员与记录员之间的配合

第二裁判员与记录员之间的配合行为,一般包括以下几点:

第一,在每局比赛开始之前,第二裁判员先去核对场上的位置,再去看记录员是否完成核对工作。如记录员已核对完毕,应举双手示意第二裁判员。

第二,记录员应在暂停时,向第二裁判员汇报两队暂停的次数。

第三,在换人过程中,第二裁判员应时刻关注记录员。确认是合法替换后,记录员应单手向第二裁判员示意,同意换人行为。第二裁判员则应留给记录员一定的登记号码时间。登记完毕后,记录员应双手示意。

第四,当出现发球次序错误时,记录员必须立即在发球队员击球时鸣哨,以中止比赛。第二裁判员则需协助记录员,查明情况,及时纠正。

第五,如果某队队员受到了判罚或延误处罚,第二裁判员应协助记录员予以登记。

五、第二裁判员与司线员之间的配合

第二裁判员对一侧球触标志杆,或从标志杆外及延长线上过网的判断,应与右边司线员共同负责。

对于在第二裁判员一侧的界内外球的判断,司线员应与第二裁判员相互配合、共同参与。

六、司线员之间的配合

由两名司线员共同负责一条边线和端线。当球落到两线组成的角的附近时,两名司线员应共同判断,并按照以下原则开展工作:

第一,先看到界外球的司线员率先出旗,另一人配合出旗。

第二,如果两名司线员均未看出界外球,说明此球是界内球。两人应目视对方,并同时旗示。

第三,要按照主线、辅线的职责进行处理。比如,当球的落点偏向边线时,负责边线的司线员应为主要的判断者,另一人则需配合判断。

第二节 排球裁判员的规则执行与配合要求

对排球裁判员来说,无论是个人对规则的执行,还是与他人之间的配合,都应当遵循一定的原则,符合规定的规则与要求。具体来讲,排球裁判员应做到以下几点:

一、确保比赛在公正的前提下进行

排球裁判员对竞赛规则的执行,应以确保运动员能够最大限度地发挥自身的竞技水平为前提。

对运动员来说,其参与长年累月的训练,归根到底是为了在竞赛中取得优异的成绩。竞技水平能够反映出运动员相对真实的排球水平,而排球竞赛本身也可用来评价训练效果。

排球裁判员必须意识到,其任何判断、任何行为都会给运动员造成不同程度的心理影响,进而带来消极或积极的结果。因此,裁判员必须给予运动员充分的空间,来展现其最佳的竞技实力,而这又要以比赛的公平、公正为前提。

二、积极鼓励观赏性

对排球竞赛的受众来说,比赛过程是否足够精彩、是否具备鲜明的观赏性,是十分重要的。而竞赛观赏性的强弱,并不单单取决于运动员,有时也与裁判员有着一定的关系。要想使比赛保持"高潮"状态,教练员就应尽可能地减少中断比赛的次数,并缩短比赛中断的时间,以长期维持观众的观赛积极性。

三、加强裁判员之间的协作

如前所述,排球裁判员可分为不同的类型,大家各司其职,分别履行着各自的职责。

身处裁判组的每一名成员,拥有不同于他人的权力,但也存在不同的"盲区"。这就决定了裁判员之间必须加强协作、取长补短,这样才能最大限度地保证判断结果的准确性。

第三节　裁判员的手势及其含义

在排球比赛中,裁判员需要根据赛场上的实际情况,及时作出正确的手势,以对赛程进行合理把控。可以说,裁判员的手势直接反映其对比赛现状的判断,是一种具有共通性的"语言"。

一、裁判员手势的意义

裁判员在做手势时,应遵循"干净利落,解释清楚"的原则。

当鸣哨中止比赛时,裁判员应立刻用手势来明确犯规行为的性质,或表明允许比赛中断的原因。

需要强调的是,裁判员的手势不仅要规范,还要有所停留(短暂停留即可),这是为了避免观众或参赛队伍产生异议。

二、裁判员的法定手势及其规定含义

(一)发球一方

如图 7-1 所示,将一只手侧平举至将发球的一方,代表的是"发球一方"。

图 7-1　发球一方

如发球队胜了一球,将由原发球队继续发球;如接发球队胜了一球,该队将获得发球权并轮转,由前排右边队员转至后排发球。

（二）允许发球

如图 7-2 所示,摆动发球队一侧的手臂,代表的是"允许发球"。

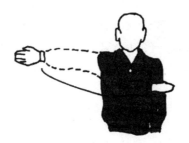

图 7-2　允许发球

当运动员做好比赛准备时,可鸣哨允许发球。第一裁判员若未经鸣哨允许发球,但发球队员已将球发出,那么将视为发球无效,需重新发球。

（三）交换场区

如图 7-3 所示,双臂在体前、体后绕体旋转,代表的是"交换场区"。

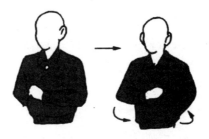

图 7-3　交换场区

每局比赛（除决胜局）结束后,双方都要交换场区。在决胜局中,当某队获得 8 分时,双方交换场区,队员在原先的位置继续比赛。

(四)暂停

如图 7-4 所示,将一臂屈肘抬起,再将另一只手放在屈肘臂的手指上,代表的是"暂停"。

图 7-4   暂停

每支队伍在每一局中可请求 2 次 30 秒的普通暂停。在国际排联组织的世界级比赛中,第 1～4 局(每局)另有 2 次 60 秒的技术暂停,在领先队伍达到 8 分、16 分时自动执行。

(五)换人

如图 7-5 所示,双臂屈肘,在体前绕环,代表的是"换人"。

图 7-5   换人

在一局比赛中,每支队伍最多可进行 6 人次换人。A 替换 B 上场后,仍由 B 替换下 A 上场,属于 1 人次换人。

(六)警告与判罚

如图 7-6 所示,一手持黄牌,首次出示代表"警告",再次出示代表"判罚";一手持红牌代表"判罚出场"。

图 7-6　警告与判罚

对于首次程度较轻的非技术性犯规（如拖延比赛时间），应予以警告。

对于程度较重或再次的非技术性犯规，应予以判罚（判队伍失一球）。

对于同一场、同一队员的重犯"粗鲁行为"或首次"冒犯行为"，应予以"判罚出场"。

（七）取消比赛资格

如图 7-7 所示，裁判员一手同时持红、黄牌，代表的是"取消比赛资格"。

图 7-7　取消比赛资格

在同一场比赛中，如果同一队员重犯"冒犯行为"、首次"侵犯行为"，将予以红、黄牌判罚，并取消比赛资格。被判罚的队员不仅要离开比赛场地，还要离开替补队员席。

（八）一局或全场比赛结束

如图 7-8 所示，双手交叉于胸前，代表的是"一局或全场比赛结束"。

图 7-8　一局或全场比赛结束

正式的排球比赛为五局三胜制。每局(除决胜局外)先得 25 分,同时超出对方 2 分的队伍获胜,且无最高限制分。在决胜局中,先得 15 分并领先对方 2 分者获胜,同样无最高限制分。

(九)发球时,球未抛起

如图 7-9 所示,一手平举,掌心朝上,上下摆动,代表的是"发球时,球未抛起"。

图 7-9　发球时,球未抛起

当排球被抛起,或持球手撤离后,发球者必须赶在排球落地之前,用一只手或手臂将球击出。需要注意的是,排球只能被抛起一次,且身体其他部位一旦触球,即视作犯规。

(十)发球延误

如图 7-10 所示,举起 8 个手指并分开,代表的是"发球延误"。

图 7-10　发球延误

第一裁判员鸣哨允许发球后,发球队员要在 8 秒内将球击出,否则即为发球延误,将换由对方发球。

（十一）掩护或拦网犯规

如图 7-11 所示,双臂上举,掌心朝前,代表的是"掩护或拦网犯规"。

图 7-11　掩护或拦网犯规

无论是发球队的个人还是集体,均不可挥臂、跳跃、左右移动,亦不可通过集中站立,来遮挡球的飞行路线,否则将被视作掩护犯规。

后排队员或后排自由防守队员完成拦网,或加入完成拦网的集体,则会被判作拦网犯规。

（十二）位置或轮转错误

如图 7-12 所示,一手食指于体前水平绕环,代表的是"位置或轮转错误"。

图 7-12　位置或轮转错误

发球队员在击球时,如果其不在正确的位置上,将被视作位置错误犯规,且判失一球。

如果发球及其他队员的站位未按照位置表的顺序进行轮转,将被视作轮转错误,同样判失一球。

当接发球队获得发球权后,其队员必须按照顺时针的方向,轮转一个位置。

（十三）界内球

如图 7-13 所示,整个手臂和手斜指向地面,代表的是"界内球"。所谓"界内球",指的是触及比赛场区地面(包括界线)的球。

图 7-13　界内球

（十四）界外球

如图 7-14 所示,双臂屈肘上举,手掌向后摆动,代表的是"界外球"。

图 7-14　界外球

界外球通常包含两种形式：①触及场外物体、接触地面的部分完全在界线之外的球；②整体从网下穿过的球。

（十五）持球

如图 7-15 所示，一臂屈肘，慢慢举起，掌心朝上，代表的是"持球"。

图 7-15　持球

如果队员未将球击出，而是"接住"或"抛出"，将被视作持球犯规。

（十六）连击

如图 7-16 所示，举起分开的两根手指，代表的是"连击"。

图 7-16　连击

同一队员如连续击球两次(拦网除外),或球连续触及其身体的不同部位,将被视作连击犯规。此处的"连续",是指两次触球虽有先后之分,但中间并无他人触球。

(十七)四次击球

如图 7-17 所示,一臂屈肘举起,分开 4 根手指,代表的是"四次击球"。

图 7-17　四次击球

每支队伍最多击球 3 次(拦网除外),而后就要将球从网上击回给对方。无论是队员主动击球,还是被球触及,都算作击球 1 次。当出现第 4 次击球时,将被视作 4 次击球犯规。

(十八)发球未过网和队员触网

如图 7-18 所示,一手触及发球队一侧的球网,代表的是"发球未过网和队员触网"。

图 7-18　发球未过网和队员触网

当球触及发球队队员,或球的整体未从过网区内通过球网的垂直平面,将被视作发球未过网。

队员在击球时,或在干扰比赛的情况下触及球网,将被视作触网犯规。

（十九）过网击球

如图 7-19 所示，一只手的掌心朝下，同时将前臂置于球网上空，代表的是"过网击球"。

图 7-19　过网击球

对方在进攻性击球前，或击球时，如在对方空间触及球或队员，将被视作过网击球犯规。

（二十）后排队员进攻性击球犯规

如图 7-20 所示，一臂向上举起，前臂向下摆动，代表的是"后排队员进攻性击球犯规"。

图 7-20　后排队员进攻性击球犯规

当后排队员在前场区完成进攻性击球，且球的整体在击球时高于球网上沿时，将被视作后排队员进攻性击球犯规。

（二十一）进入对方场区

如图 7-21 所示，用手指指向中线，代表的是"进入对方场区"。

图 7-21　进入对方场区

队员除了脚、手可越过中线,触及对方场区,其他身体部位均不得接触对方场区,且球的整体要从网下穿过。

(二十二)双方犯规,重新发球

如图 7-22 所示,双臂屈肘举起,同时竖起拇指,代表的是"双方犯规,重新发球"。

图 7-22　双方犯规,重新发球

如果双方队员同时犯规,造成"持球"局面,该球将变为"死球",再由原先的发球队员重新发球。

(二十三)触手出界

如图 7-23 所示,一臂屈肘抬起,手指朝上,掌心朝后,另一只手摩擦其手指,代表的是"触手出界"。

图 7-23　触手出界

（二十四）延误警告，延误判罚

如图 7-24 所示，用张开的右手遮挡左手手腕，代表的是"延误警告"；将黄牌放在手表上，代表的是"延误判罚"。

图 7-24　延误警告，延误判罚

在排球比赛中，常见的延误比赛行为主要包括以下几种：①换人延误时间；②在裁判员已鸣哨恢复比赛后，仍在拖延暂停时间；③要求不合规的替换；④场上队员妨碍比赛的继续进行。

在一场比赛中，对于队伍的首次延误，将予以"延误警告"；同一队伍的任何一名队员，如造成任何类型的第二次延误犯规，将予以"延误判罚"，并判失一球。

（二十五）司线员的旗示

司线员的旗示主要包括两种类型。

1.界内

如图 7-25 所示，将旗指向斜下方，代表的是"界内"。

图 7-25　旗示（界内）

2.界外

如图 7-26 所示,将旗向上举,代表的是"界外"。

图 7-26　旗示（界外）

（二十六）球从过网区外通过

如图 7-27 所示,一只手举旗摇晃,另一只手指向标志杆或端线,代表的是"球从过网区外通过"。

图 7-27　球从过网区外通过

（二十七）无法判断

如图 7-28 所示，双臂交叉于胸前交叉，代表的是"无法判断"。

图 7-28　无法判断

参考文献

[1]李尚斌,李淑红.现代高校排球运动理论与实践研究[M].北京:中国纺织出版社,2018.

[2]潘迎旭,安琪,王骏昇.中小学排球教学理论与方法[M].北京:北京体育大学出版社,2017.

[3]史友宽.中国排球运动发展研究[M].开封:河南大学出版社,2014.

[4]宋英杰.沙滩排球、软式排球、气排球运动[M].武汉:武汉理工大学出版社,2013.

[5]孙平.排球教学文件的制定与范例[M].北京:北京体育大学出版社,2013.

[6]国家体育总局青少年体育司,国家体育总局排球运动管理中心.中国青少年排球训练教学大纲[M].北京:北京体育大学出版社,2012.

[7]皮富华,黄波,崔强.篮足排运动文化与锻炼方法研习[M].长春:吉林大学出版社,2012.

[8]于贵和.软式排球、沙滩排球、气排球理论与方法[M].北京:北京师范大学出版社,2012.

[9]周振华,杨宏峰,李志宏.排球实用教程[M].北京:中国农业科学技术出版社,2010.

[10]虞重干.排球运动教程[M].北京:北京人民体育出版社,2009.

[11]于少勇,赵志明.基础体能训练[M].北京:原子能出版社,2008.

[12]靳小雨,徐国红.沙滩排球理论与实践探索[M].北京:北京体育大学出版社,2006.

[13]陆文德.中学排球运动训练教程[M].北京:人民体育出版社,2006.

[14]王保成,王川.球类运动员体能训练理论与方法[M].北京:北京体育大学出版社,2005.

[15]刘佳.软式排球教学与训练[M].长沙:湖南大学出版社,2004.

[16]田野.运动生理学高级教程[M].北京:高等教育出版社,2003.

[17]连道明等.软式排球运动[M].北京:人民体育出版社,2002.